Foto: Lena Andersson

*Maj Bylock* wurde 1931 auf Gotland in Schweden geboren. Ihr erstes Kinderbuch erschien 1969, ihm folgten später viele Romane und Erzählungen für Kinder und Jugendliche. 1990 erhielt sie für ihr Gesamtwerk den renommierten Astrid-Lindgren-Preis. Ähnlich wie Astrid Lindgren schreibt auch Maj Bylock von den kleinen, alltäglichen Dingen im Leben eines Kindes, liebevoll, mit Witz, oft aber auch voller Dramatik. In deutscher Sprache sind von Maj Bylock erschienen: ›Die zerbrochene Flöte‹, ›Die Hexenprobe‹, ›Die Hexentochter‹ und ›Hexenjunge‹.

*Purzelbaum und Liebesbrief.* Wie Kajsa war auch Maj Bylock neun Jahre alt, als Schweden beinahe in den zweiten Weltkrieg hineingezogen wurde. Von den Erlebnissen aus dieser Zeit handeln die Geschichten. Kajsa fängt an, ihre kleine und überschaubare Welt zu entdecken. Sie lernt, sich ihrer Gefühle für Lasse zu freuen, sie lernt aber auch, mit Enttäuschungen alleine fertig zu werden.
»Selten habe ich ein Buch über Kindheit gelesen, das so warmherzig, liebevoll und witzig ist und das gleichzeitig so viel Tiefgang hat wie dieses. Es hält den Vergleich mit Erich Kästners ›Als ich ein kleiner Junge war‹ aus.«
(Maria-Thérèse Schins in der Brigitte)

Maj Bylock

# *Purzelbaum und Liebesbrief*

Aus dem Schwedischen
von Birgitta Kicherer

Mit Bildern
von Inger Rydén

Fischer Taschenbuch Verlag

Fischer Schatzinsel
Herausgegeben von Klaus Humann

Veröffentlicht im Fischer Taschenbuch Verlag GmbH,
Frankfurt am Main, November 1994

Lizenzausgabe mit freundlicher Genehmigung des
Erika Klopp Verlags, Berlin–München
Die Originalausgabe erschien 1987 unter dem Titel
»Karusell och kärleksbrev«
im Bonniers Junior Förlag AB, Stockholm

Druck und Bindung: Clausen & Bosse, Leck
Printed in Germany
ISBN 3-596-80005-6

*Gedruckt auf chlor- und säurefreiem Papier*

# *Inhalt*

# *Der Rote Blitz*

Ich lauschte mit angehaltenem Atem. Nein, noch war es draußen auf der Treppe still.

»Am besten, ich klettere runter und schau mal nach«, dachte ich und schlich zum Fenster. »Sonst sterbe ich auf der Stelle!«

Fröstelnd kletterte ich aufs Dach hinaus, zur Feuerleiter rüber, die gleich vor meinem Fenster anfing. Die Leiter ächzte bedrohlich, ich war nämlich ziemlich mollig. Aber die Leiter war die beste Möglichkeit, um ungesehen aus meinem Zimmer zukommen. Und außerdem endete sie sehr praktisch hinter dem großen Birnbaum.

Heute wollte ich nicht ganz runter auf den Hof, heute war mein Ziel die Küche im zweiten Stock. Noch drei Sprossen, dann stand ich direkt vor dem Fenster.

In der Küche war Mama damit beschäftigt, mein Geburtstagstablett herzurichten. Die Torte stand schon bereit. Gestern abend hatte ich mir in der Speisekammer eine Kostprobe genehmigt. Schließlich gehörte die Torte ja mir, *Kajsa 9 Jahre* war mit grünem Gelee auf die Buttercreme gespritzt.

Aber ich hatte nicht mein Leben riskiert, um die Torte noch einmal zu sehen. Nein, ich hoffte auf etwas ganz anderes. Etwas, das ich mir mehr als alles andere wünschte. Ich preßte mir die Nase platt an der Fensterscheibe.

Da hörte ich einen Aufschrei – und dann ein Krachen. Als das Küchenfenster endlich aufgerissen wurde, befand ich mich bereits wieder in meinem Bett in Sicherheit. Aber ich war enttäuscht. Das, was ich zu sehen gehofft hatte, war nicht zu entdecken gewesen.

Schon seit langer Zeit durfte ich mir Mamas Fahrrad leihen, wenn ich irgendwohin wollte. Es war schwarz mit extra dicken Reifen, Ballonreifen.

Im Schaufenster des Fahrradgeschäfts hatte ich das Fahrrad gesehen, von dem ich träumte: rot, glänzend und wunderschön. Vorn auf dem Schutzblech saß ein silberner Vogel, von dem das Fahrrad seinen Namen erhalten hatte: *Schwalbe* – ein schöner Name für ein Fahrrad, fand ich. Eine Schwalbe fliegt ja wie ein Pfeil durch die Luft.

Jetzt waren Schritte auf der Treppe zu hören. Die Tür flog auf. Der erste Gratulant kam hereingetaumelt, fröhlich bellend und mit dem Bart voller Creme. Peggy! Sie landete geradewegs auf meinem Bett und schüttelte den Kopf. Die Creme flog in alle Richtungen.

»Viel Glück und viel Segen
auf all deinen Wegen...«

Da standen sie alle um mich herum. Mein Herz klopfte wie wild. Gustav, mein großer Bruder, hatte mir Bälle gekauft. Er wußte, daß ich neue brauchte, die alten hatte Peggy nämlich alle zerkaut.

Papa zog feierlich einen kleinen weißen Umschlag hervor, wie jedes Jahr. Ich wußte genau, was darin lag: ein Zweikronenstück mit der jeweiligen Jahreszahl. Dieses Jahr stand 1940 darauf.

Ich schloß die Augen und versuchte auszurechnen, für wieviel Eis zwei Kronen reichen würden. Mindestens für zwanzig Eis am Stiel mit Birnengeschmack.

Aber Papa nahm das Zweikronenstück wieder an sich. Es wurde im Schreibtisch eingeschlossen, bis ich groß war. Dann würde es sehr viel mehr wert sein als jetzt, davon war Papa überzeugt.

Großvater holte sein altes braunes Portemonnaie hervor und angelte ein Fünfzigörestück heraus.

»Dafür darfst du dir kaufen, was du willst«, sagte er. »Und möglichst heute noch.«

Mamas roter Rock hatte eigenartige dunkle Flecken. Und die Torte, wo blieb die Torte?

»Vorhin hab ich draußen vor dem Küchenfenster ein Gespenst gesehen.« Mama seufzte. »Und mit ihm ist die Torte im hohen Bogen durch die Luft gesegelt.«

Peggy mit ihrem Cremebart schnarchte zufrieden auf meinen Füßen.

Die Torte... Ich wußte, daß Mama keine neue

backen konnte. Draußen in der Welt war Krieg, und die Lebensmittel waren rationiert. Eier, Zucker und andere Zutaten für Torten gab es nur in begrenzten Mengen.

Die Torte war mir nicht so wichtig. Aber das Fahrrad? Wahrscheinlich hatte Papa es sich nicht leisten können, das Fahrrad zu kaufen. Erst vor kurzem hatte er einen Treibgasgenerator fürs Auto anschaffen müssen. Das war eine Art Ofen, der hinten am Auto befestigt und mit Kohle beheizt wurde. So konnte man ohne Benzin Auto fahren, und das war ein Glück, denn das Benzin war ebenfalls rationiert. Draußen im Meer wimmelte es von Minen, und daher konnten die Tankschiffe die Küsten von Schweden nicht erreichen.

Da hob Papa mich plötzlich in die Luft und lief dann mit mir die Treppe hinunter. »Schau mal!« sagte er und zeigte auf etwas, das am Birnbaum lehnte: ein glänzendes rotes Fahrrad! Und dennoch brannten heiße Tränen in meinen Augen. Ich sah sofort, daß es Mamas altes Fahrrad war, rot angestrichen.

Papa umarmte mich und flüsterte: »Ein neues können wir uns im Augenblick nicht leisten. Aber Großvater hat es doch sehr schön hingekriegt. Sieh mal! Er hat gelbe Streifen auf den Rahmen gemalt.«

Ich schluckte die Tränen runter. Immerhin gehörte das Fahrrad nun mir! Mit einem eigenen Fahrrad stand mir die Welt offen.

Gustav sah, daß ich ein wenig traurig war, und sagte: »Wer so pummelig ist wie du, braucht Ballonreifen. Die tragen dich sicher durchs Leben.«

So nett war er sonst fast nie. Nein, meistens behauptete er, er wolle mich als Riesendame im Zirkus vorführen.

Ich zwickte ihn in den Arm. Er wußte ganz genau, daß ich lieber gefährlich auf den schmalen Rädern der Schwalbe gelebt hätte, als sicher auf Mamas Ballonreifen durchs Leben zu fahren. Aber ich beschloß, mein Fahrrad ab jetzt gern zu haben. Und einen Namen gab ich ihm auch. Ich taufte es *Der Rote Blitz.*

Dann hörte ich Hufe klappern.

»Schnell rein in die Kleider«, sagte Papa. »Ich brauche Hilfe.«

Papa war Tierarzt. Wenn irgendwo Tiere krank wurden, machte er Krankenbesuche auf den Höfen, wo die Tiere lebten. Und dabei durfte ich ihn oft begleiten. Manchmal kamen die Tiere auch zu uns, und das war meistens morgens, bevor Papa sich auf seine Besuchsrunde begab.

Er hatte eine Praxis im Haus, wo er kleine Tiere wie Hunde, Katzen, Schildkröten und Vögel behandelte. Hier konnte er ihnen Spritzen geben und sie operieren. Pferde und Kühe mußten draußen auf der Straße bleiben, dann brachte Papa seine Behandlungsinstrumente zu ihnen hinaus.

Manchmal brauchte er Hilfe. Es kam vor, daß die Besitzer der Tiere bei der Behandlung nicht zuschauen konnten. Dann mußte jemand aus der Familie helfen. Wenn ich gerade keine Schule hatte, war das meistens ich. Schon als kleines Kind hatte ich damit angefangen und war es daher gewohnt.

Heute war der Patient ein Pferd, das hinkte, weil ihm ein Huf weh tat. Jedesmal, wenn es auf diesen Huf trat, nickte es traurig mit dem Kopf. Der Bauer mußte das Pferd anbinden und den kranken Huf hochhalten.

Papa befühlte den Huf vorsichtig und nahm die Zange. »Ein rostiger Nagel!«

Dann schnitt er die entzündete Stelle mit einem krummen Messer aus und reinigte die

Wunde. Ich hielt die Schüssel mit dem sauberen Wasser. Anschließend erhielt das Pferd einen weißen Verband, der mit Teer eingerieben wurde, um ihn dicht und haltbar zu machen.

Nach dem kranken Pferd kam ein Reitpferd, das allerdings ganz gesund war. Stolz und schön stand es da, und das schwarze Fell glänzte in der Morgensonne. Das Pferd sollte verkauft werden, und sein Besitzer brauchte ein Attest, daß es gesund war.

»Oh, darf ich bitte reiten?« bettelte ich.

Der Besitzer war freundlich und hob mich auf das Pferd hinauf. Mir verschlug es den Atem, so herrlich war es, dort oben zu sitzen.

Aber mein Spazierritt sollte nicht lange dauern. Ein hellgelber Blitz schoß über die Straße. Peggy! Sie glaubte, der Mann wolle mich entführen, und packte ihn an der Hose. Erst als ich wieder neben ihr auf dem Boden stand, ließ sie sein Hosenbein los.

Papa ärgerte sich kein bißchen über Peggy, sondern lobte sie, weil sie so gut auf seine Tochter aufpaßte. Ich dagegen machte ein enttäuschtes Gesicht.

»Los, hüpf ins Auto«, sagte er. »Du darfst mich beim nächsten Krankenbesuch begleiten.

In anderthalb Minuten geht's los, das heißt, wenn ich den Karren hier in Gang bringe.«

Wenig später sausten wir aufs Land hinaus. Mit Papa auf Krankenbesuch zu fahren war jedesmal spannend. Keine Fahrt war wie die andere. Manchmal nahmen die Besuche ein trauriges Ende, nämlich dann, wenn die Tiere so krank waren, daß sie geschlachtet werden mußten. Aber meistens machte es Spaß, vor allem dann, wenn die Medikamente sofort wirkten und man beobachten konnte, wie die Tiere aufstanden und wieder fressen wollten.

»Was machen wir heute?« Ich sah Papa erwartungsvoll an.

»Schweine gegen Rotlauf impfen«, antwortete er. »Und dann müssen wir einem kleinen Fohlen helfen, das Verstopfung hat.«

Es waren mindestens zwanzig Schweine, und ein paar von ihnen waren bereits krank und hatten rote Flecken. Die anderen brauchten je eine Spritze, um gesund zu bleiben.

Die Schweine rannten wild durcheinander und schrien ohrenbetäubend. Fremde Leute im Schweinestall – das waren sie nicht gewohnt.

Der Bauer war ruhig und kräftig. Er fing sie der Reihe nach ein und hielt sie hoch, damit

Papa die Spritze in ihre runden Schenkel stechen konnte.

Die Schweine zappelten. Die Spritze tat nicht weh, aber sie hatten trotzdem Angst. Wie sollte der Bauer wissen, welches Schwein schon eine Spritze bekommen hatte? Sie sahen ja alle gleich aus und liefen durcheinander. Das war ein Problem, und jetzt kam ich ins Spiel.

Ich stand mit einer Dose Schuhcreme bereit. Jedesmal, wenn ein Schwein geimpft worden war, malte ich ihm einen dunkelbraunen Klecks auf den Rücken. Anstelle von roten Flecken bekam es einen braunen.

Das Fohlen, das Verstopfung hatte, war erst ein paar Tage alt. Auf langen, wackeligen Beinen stand es da und schlug mit dem Schwanz.

Papa holte ein Instrument hervor, das wie eine Schlinge aussah. Damit holte er vorsichtig kleine harte Kugeln aus dem Po des Fohlens. »So, nun schaffst du es alleine«, sagte er und streichelte es am Maul.

Die Mutter, die große Stute, wieherte und sah ihn an. Bestimmt bedeutete das danke schön!

## *Der Drachenhintern*

Zwei rote Augen starrten in meine blauen. Zwei weiße Ohren zuckten ängstlich in die Höhe. Ein rosa Schnäuzchen zitterte wählerisch, bevor es die Löwenzahnblätter anknabberte, die ich ihm reichte.

Das Schnäuzchen gehörte Schneewittchen. Im Nachbarkäfig hauste Dornröschen.

Großvater hatte mir geholfen, die Käfige zu bauen. Aber füttern mußte ich die Kaninchen selbst.

»Wer sich Tiere zulegt«, sagte er, »muß auch dafür sorgen, daß sie sich wohl fühlen.«

Ich hatte lange sparen müssen, um sie kaufen zu können. Sie hatten drei Kronen pro Stück gekostet, und das war viel Geld. Aber Kaninchenbraten war ein Festessen, und jetzt in Kriegszeiten gab es nicht viel Fleisch. Das Geld war also bestimmt nicht verloren. Ich hatte alles sorgfältig ausgerechnet. Wenn jedes Kaninchen zehn Junge bekäme, wäre ich bald reich.

Dann habe ich eine Menge Geld für den Jahrmarkt, dachte ich. Und bestimmt reicht es auch noch dafür, daß ich mir jeden Samstag einen Lutscher bei Bonbon-Stina kaufen kann. Das Wasser lief mir schon im Mund zusammen.

Natürlich beanspruchte das Füttern der Kaninchen viel Zeit. Komisch, daß ein Kaninchen den Bauch voller Jungen haben kann und trotzdem noch für so viel Futter Platz hat, dachte ich. Gras, Löwenzahn und Wasser. In rauhen Mengen. Ich seufzte und rupfte und träumte vom Jahrmarkt. Der Jahrmarkt war das größte Fest des Jahres. Ja, der Jahrmarkt war fast noch schöner als Weihnachten!

Eines Morgens hatte Schneewittchen zehn Junge bekommen. Statt zwei besaß ich nun zwölf Kaninchen! In meinem Kopf wirbelten die Zahlen nur so durcheinander, als ich auszurechnen versuchte, wieviel ich schon verdient hatte. Noch lagen die Jungen nackt und winzig in dem Nest, das Schneewittchen ihnen mit ihren weichen Haarbüscheln warm und schützend ausgepolstert hatte. Die Tage vergingen, aber Dornröschen hockte immer noch in einsamer Pracht in ihrem Käfig.

Schließlich unterzog Großvater sie einer genaueren Prüfung. »Du wirst Dornröschen umtaufen müssen«, sagte er schmunzelnd. »Prinz wäre ein passenderer Name.«

Der Prinz wurde zum Sonntagsbraten. Aber ich brachte nur Erbsen und Kartoffeln runter.

Am Montag sagte Mama: »Heute mußt du gleich nach der Schule heimkommen. Tante Beda will uns mit der kleinen Barbro besuchen.«

Ich stöhnte leise vor mich hin. Tante Beda war sehr streng. Am liebsten verdrückte ich mich, wenn sie kam. Aber Mamas Augen sprachen ihre stumme Sprache. Ich wußte, daß ich gehorchen mußte.

Schweren Herzens radelte ich zur Schule. Und noch schwereren Herzens radelte ich nach Hause.

Tante Beda hatte keine eigenen Kinder. Das

war auch der Grund, warum sie so genau wußte, wie man Kinder erziehen mußte. Barbro war ihre Nichte. Sie kam aus Stockholm und sollte einige Zeit bei Tante Beda verbringen. Nun suchte Tante Beda Spielgefährten für Barbro.

Ich hatte mir ungefähr vorgestellt, wie das gräßliche Gör aussehen würde. Aber die Wirklichkeit übertraf meine schlimmsten Vorstellungen. Wie erschlagen stand ich in der Tür und staunte die Erscheinung an, ohne ein Wort herauszubringen.

Im Kino hatte ich einmal ein Mädchen gesehen, das an eine Puppe erinnerte. Das Mädchen hieß Shirley Temple und lebte in Amerika. Jetzt glaubte ich fast, dieses Mädchen wäre aus dem Film gestiegen und hätte auf unserem Sofa Platz genommen.

Barbros Kleid war aus rosa Seide und voller Spitzen und Rüschen, die blonden Korkenzieherlocken waren mit weißen Seidenschleifen geschmückt. Außerdem redete sie vornehm wie alle Leute aus Stockholm. Ich hielt den Mund und nahm mir vor, das heimlich auch zu üben.

»Nimm die kleine Barbro mit und zeig ihr den Garten«, sagte Mama. »Aber gib auf ihr schönes Kleid acht.«

Vorsichtig trippelte Barbro den Gartenweg hinunter. »In Stockholm«, sagte sie, »da gibt's Parks. Und die sind viel größer als euer Garten.«

Ich schwieg und kletterte hoch in den Birnbaum hinauf. Dort pflückte ich eine große saftige Birne, setzte mich damit gemütlich auf einen dicken Ast und begann zu futtern.

»In Stockholm kann man viel größere Birnen kaufen«, piepste Barbro. »Ich will auch eine haben. Gib her!«

»Wer eine will, muß sie sich selbst pflücken!« brummte ich.

Barbro hievte sich vorsichtig auf den untersten Ast. Sie war noch nie auf einen Baum geklettert. Doch unten gab es keine Birnen. Die hatte ich längst abgeerntet.

»Du mußt höher rauf!«

Es gelang ihr schließlich, sich eine Birne zu angeln. Inzwischen hatte das Kleid einen Riß abbekommen, und ihr Kinn war von klebrigem Birnensaft verschmiert.

»Schmeckt gut«, sagte sie und leckte sich die Lippen. »Aber die Birnen, die man in Stockholm kaufen kann, schmecken viel besser.«

In diesem Augenblick klapperte draußen auf der Straße ein Pferdefuhrwerk vorbei.

»In Stockholm fahren wir mit der Straßenbahn«, stellte sie verächtlich fest, »und nicht mit Pferdewagen.«

Ich schwieg. Eine Straßenbahn – was war das? Die einzige Bahn, die ich kannte, war die Eisenbahn.

Bald war Barbro satt und wollte wieder runterklettern. Ich wußte nicht, was ich ihr noch zeigen sollte.

Das Haus, in dem wir wohnten, war groß und hoch. Ganz unten lagen das Postamt und die Bank. Das Postfräulein war ziemlich sauertöpfisch, also ging ich nur äußerst ungern dorthin.

In der Bank jedoch gab es einen freundlichen Bankvorsteher. Er sah aus wie ein runder männlicher Engel. Und dennoch wurde er allgemein der Drache genannt. Das kam daher, weil er einen Goldschatz hütete, den er in seiner Stahlkammer eingeschlossen hatte.

Jedesmal, wenn die Kinder ihre Sparbüchsen leerten, schenkte der Drache ihnen rotweiß gestreifte Pfefferminzbonbons. Bei diesen Gelegenheiten pflegte er sich selbst auch ein paar zu genehmigen. Dabei schmatzte er ganz unwiderstehlich. Aber richtig sicher fühlten wir uns dennoch nie. Immerhin war es ja möglich, daß er sich über uns ärgern und uns in seine unheimliche Stahlkammer einsperren konnte.

Sollte ich Barbro die Bank zeigen? Ich kletterte zurück auf den Baum und spähte durchs Fenster. Der Drache sperrte gerade die Stahlkammer ab. Um drei schloß er die Bank. Der Drache war sehr pünktlich. Mein Vater hatte schon oft seine Uhr nach ihm gestellt. Aber bevor der Drache nach Hause ging, pflegte er das Klohäuschen hinten im Garten aufzusuchen.

Es war ein schönes, großes Klohäuschen. Wir benutzten es alle. Sonst hatten wir ja keins. Im Winter war es zwar etwas zugig, aber dafür hatten wir es im Sommer um so schöner. Dann konnte man im Häuschen sitzen und dem Vogelgesang lauschen. In Stockholm sind die Klos natürlich in den Häusern, dachte ich verächtlich.

Plötzlich hatte ich eine Idee. »Wenn du ganz still bist, zeig ich dir was, das gibt's in ganz Stockholm nicht«, flüsterte ich. »Einen echten Drachenhintern.«

Barbro sah mich mit großen Augen an.

Schweigend versteckten wir uns hinterm Klohäuschen.

»Jetzt kommt er!«

Wir hörten den Kies auf dem Gartenweg knirschen. Ein Schlüssel rasselte im Schloß. Wir warteten eine halbe Minute.

»Jetzt kannst du aufmachen!« Ich zeigte auf die Luke in der Rückwand des Klohäuschens.

Und Barbro machte auf. Dann stieß sie einen Schrei aus und ließ die Luke wieder zufallen.

Ich warf mich auf Barbro und brachte sie zum Schweigen. Aber wir mußten uns lange in der Garage verstecken, bevor wir uns wieder hervorwagen konnten.

Inzwischen sah Barbro nicht mehr wie Shirley Temple aus. Ihre Haare waren zerzaust. Ihre Augen funkelten. Sie stampfte mit dem Fuß auf und zischelte mir zu, daß sie petzen werde. Doch plötzlich verstummte sie. Sie hatte den Käfig mit Schneewittchen und den Jungen entdeckt. Kaninchen, so etwas hatte Barbro bisher noch nie gesehen. Nein, nicht einmal im Tierpark! Ich mußte ein Junges rausnehmen und ihr geben.

Sie strich ihm über den Rücken. Dann blickte sie mir in die Augen und sagte: »Das hier gehört mir!«

»Nein, nie im Leben!«

»Dann petze ich!«

Ich hatte keine Wahl.

Es wurde eine teure Angelegenheit. Wie teuer, das begriff ich erst am nächsten Morgen. Als ich runterkam, um Schneewittchen zu füttern, war der Käfig leer. Und das, obwohl der Haken ordentlich vorgelegt war.

Anfangs stand ich einfach stumm davor. Ich kapierte es nicht. Ein Fuchs? Nein, Füchse können ja keine Haken vorlegen.

Dann war es ein Dieb. Ja, klar, aber wer? Kreideweiß vor Zorn lief ich zu Tante Bedas Haus. Ich wurde erwartet. Barbro stand bereits hinterm Zaun.

»Das Kaninchen wollte eine Freundin haben«, zischte sie. »Es war ihm zu einsam im Wäscheschrank. Ich kann nichts dafür, daß die anderen rauswitschten, bevor ich die Tür wieder zumachen konnte.«

Vor meinen Augen flimmerte es. Ich zeigte auf den Telefonmast, der neben dem Zaun stand und von dicken Drahtseilen gehalten wurde, die in den Boden hineinführten.

Krampfhaft hielt ich meine Tränen zurück und fauchte: »Behalt die Kaninchen ruhig! Aber wenn du petzt, ruf ich den Teufel persönlich an. Hier auf dem Land führt die Telefonleitung nämlich direkt zu ihm runter!«

Dann rannte ich nach Hause. Eine Stunde lang weinte ich in Großvaters Armen.

»So ist es den Kaninchen wenigstens erspart geblieben, Sonntagsbraten zu werden«, sagte er und strich mir übers Haar.

Das tröstete mich ein wenig. Aber nicht ganz. Ich konnte ja nicht verraten, daß es Barbro war, über die ich mich so aufregte.

Nein, niemals würde ich von Barbro und dem Drachenhintern erzählen können…

## *Pfifferlinge und Liebesbriefe*

Mein rundes Hinterteil saß fest und sicher auf dem breiten Sattel vom Roten Blitz. Seit ich Fahrradbesitzerin geworden war, ging ich nur noch zu Fuß, wenn ich im Haus war. Das Fahrrad war mein bester Freund geworden. Gemeinsam entdeckten wir Pfade und Wege, wo ich bisher noch nie gewesen war.

Das Fahrrad konnte ja nichts dafür, daß es so häßlich war. Vielleicht fühlte es sich im Vergleich mit der Schwalbe genauso, wie ich mich im Vergleich mit der schönen Gun fühlte?

Gun ging in die sechste Klasse und hatte einen Busen. Das hatte sonst niemand von uns. Singen konnte sie auch. Und zwar nicht nur ganz passabel, so wie wir. Nein, wenn sie sang, klang es wie im Radio. Bei Schulfesten durfte sie immer solo singen. Wir anderen waren ungeheuer neidisch.

Gun hatte vieles, aber ein Fahrrad hatte sie nicht. Eines Samstags auf dem Heimweg von der Schule fuhr ich an ihr vorbei. Ich ließ ein schrilles Klingeln ertönen, damit sie mich hörte.

Rasch packte sie das Rad am Gepäckträger. »Weißt du, daß es dieses Jahr eine Menge Pfifferlinge gibt?« fragte sie lächelnd. »Kommst du mit zum Sammeln?«

In den Pfifferlingwald durfte ich nicht radeln, das war zu weit. Aber trotzdem... Daß Gun ausgerechnet mich fragte! Ich nickte und fühlte, daß ich ihr bis ans Ende der Welt folgen würde.

»Gut, dann steig ab«, sagte sie und nahm die Lenkstange. »Ich fahre, und du sitzt hinten.«

Gesagt, getan. Ich saß hinten und wurde durchgerüttelt. Die Arme hatte ich fest um Gun geschlungen. Sie trat mit starken Beinen in die Pedale. Aber die Sonne schien, und es war heiß. Wir waren noch nicht weit gekommen, als sie bremste.

»Jetzt mußt du nebenher rennen«, schnaufte sie. »Hier geht's bergauf.«

Das stimmte gar nicht. Ich wurde ihr nur zu schwer. Kaum war ich vom Gepäckträger geklettert, radelte Gun so leicht wie nichts davon.

Ich rannte aus Leibeskräften, blieb aber trotzdem hinter ihr zurück. Manchmal wartete sie irgendwo im Schatten auf mich. Das war nett von ihr.

Wir mußten über die Ebene und dann durch einen großen, dunklen Wald. Schließlich kamen wir ans Meer. Blau und glitzernd breitete es sich vor uns aus. Die Wellen schlugen mit verlockendem Glucksen an die Steine am Strand.

»Gun, warte!« schrie ich. »Wir können doch unsere Strümpfe ausziehen und ein bißchen planschen!«

Aber Gun hatte keine Zeit. Sie fuhr weiter. Ich schwieg und sehnte mich nach dem vergangenen Sommer. Rennen konnte ich zwar nicht besonders gut, aber dafür schwamm ich wie ein Fisch. Im Wasser war es nur von Vorteil, ein bißchen rundlich zu sein. Während alle dünnen Heringe schon bald blaue Lippen hatten und bibberten, konnte ich so lange schwimmen, wie ich Lust hatte.

Aber der Sommer war vorbei. Jetzt war Pilzzeit, und Gun wollte nicht planschen.

Bei Johanssons Laden hätten wir abbiegen sollen. Aber Gun bremste und schmiß den Roten Blitz gegen eine Kiefer. Dann holte sie einen Bleistift und ein Stück Papier hervor und begann zu schreiben.

Als sie fertig war, faltete sie den Brief ordentlich zusammen. »Hier hast du fünf Öre«, sagte sie. »Geh zu Johanssons rein und kauf dir eine Tüte saure Bonbons. Dann gibst du dem Jungen hinterm Ladentisch den Brief. Aber heimlich!«

Im Laden war Kundschaft, ein alter Mann und eine alte Frau, daher hatte der Junge keine Zeit für mich. Er mußte drei Salzheringe aus einem Faß angeln und eine Tüte Schnupftabak abwiegen. Das war für den Alten. Die Frau wollte Holzschuhe kaufen. Die Holzschuhe hingen an Haken an der Decke. Sie probierte sämtliche Paare durch, aber keins paßte.

Auf dem Ladentisch standen zwei Gläser voller Bonbons. Ich hatte reichlich Zeit, mir die schönsten auszusuchen. Das Fünförestück klebte in meiner verschwitzten Hand, und der Brief in meiner Tasche zerknitterte immer mehr.

Ich wählte zur Hälfte gelbe Zitronenbonbons und zur Hälfte rote mit Himbeergeschmack. Die Tüte raschelte verheißungsvoll, und das erste Bonbon schmeckte himmlisch. Es war so sauer, daß es in den Wangen kribbelte.

Hinter einem Haselbusch hockte Gun und wartete. Ihr Gesicht leuchtete blaß unter den dunklen Ponyfransen, und ihre Augen funkelten vor Eifer. »War er da?«

Ich nickte mit dem Mund voller Bonbons.

»So, verschwinde jetzt«, sagte sie. »Ich warte, bis er kommt. Er fährt mich nach Hause.«

»Aber die Pilze? Wir wollten doch...«

»Hau ab«, sagte sie und zeigte auf den Roten Blitz. »Wir gehen ein andermal Pilze suchen. Ach, übrigens, her mit der Tüte!«

Ich schleuderte sie ihr in den Schoß. Sie hatte mich reingelegt! Tränen brannten in meinen Augen.

Enttäuscht strampelte ich heimwärts. Ich schniefte und suchte in meiner Tasche nach einem Taschentuch. Ich konnte keines finden, aber dafür lag der Brief dort! Ich hatte vergessen, ihn abzugeben.

Rache ist süß. Ich versteckte den Brief tief unter einem Busch.

Allmählich wurde es dunkel. Bestimmt war es schon spät. Die Bäume ragten schwarz in den Himmel. Jetzt rauschten sie nicht mehr so friedlich wie vorhin. Ein bedrohlicher Gesang klang aus ihren Kronen herab.

Ich fuhr so schnell ich konnte durch den Wald. Jedesmal, wenn der Rote Blitz über Steine und Wurzeln flog, krachte und schepperte es gewaltig. Zufrieden blickte ich auf mein Fahrrad runter. Unglaublich, daß es ein solches Tempo schaffte, obwohl es so alt war! Ballonreifen waren doch nicht zu verachten.

Bald übertönte das Hämmern meines Herzens den düsteren Gesang der Bäume. Meine Stirn war schweißbedeckt. Aber die Schweißtropfen trockneten im Wind und brachten erfrischende Kühle.

Bei Tageslicht war mir der Weg durch den Wald nicht besonders weit erschienen. Aber jetzt! Obwohl ich beinah voranflog, war eine Ewigkeit verstrichen, als der Rote Blitz endlich die Straße erreichte. Daheim im Dorf waren schon die Lichter an.

Plötzlich spürte ich, wie alles unter mir verschwand. Wie ein Ballon segelte ich geradewegs in die Luft hinaus. Dann wurde der Abendhimmel weiß von lauter Sternen. Sachte, sachte erloschen sie wieder, einer nach dem anderen. Alles wurde still.

Auf einmal fühlte ich, daß meine Füße im Wasser steckten. Ich saß am Rand des Straßengrabens, und meine Beine hingen im Wasser.

Vorsichtig stand ich auf. Alles schien noch ganz zu sein, aber ich fühlte mich irgendwie benommen.

Doch wo war der Rote Blitz? Blinzelnd sah ich mich in der Dunkelheit um. Dort hinten ahnte ich etwas, das an ein Fahrrad erinnerte.

Die Lenkstange war verbogen. Das Vorderrad drehte sich nicht mehr. Ich mußte mein Fahrrad tragen!

Still! Was war das? In weiter Ferne war etwas zu hören. Ein Vogel? Oder eine Flöte?

Jetzt kam es näher. Ein Schatten tauchte aus der Dunkelheit auf. Und dieser Schatten pfiff. Zuerst erschrak ich fürchterlich und wollte davonrennen. Aber der Rote Blitz? Den konnte ich doch nicht einfach im Stich lassen.

Ich hörte, daß der Schatten eine Melodie pfiff: »Wir lagen vor Madagaskar und hatten die Pest an Bord…«

Lasse, der Sohn des Totengräbers! Er ging in

meine Klasse, war klein und mager und blieb meistens etwas für sich.

Als er das Fahrrad erblickte, hob er es auf und trat gegen das Vorderrad. Dann suchte er einen geeigneten Stein und klopfte die Lenkstange damit wieder gerade.

»Jetzt kannst du fahren«, erklärte er. »Ich sitze hinten.«

Vorsichtig radelte ich los. Es ging! Stolz wie ein Schwan segelte der Rote Blitz die Straße entlang. Ich spürte, wie etwas Neues, Unbekanntes in meinem Herzen erwachte.

Zum erstenmal in meinem Leben war ich verliebt!

Als ich abends ins Bett kroch, dachte ich an den Brief, den ich im Wald vergraben hatte. Wie dumm von mir! Ich hätte ja wenigstens reinschauen können. Gun wußte bestimmt, wie man einen richtigen Liebesbrief schrieb. Ich dagegen hatte keine Ahnung.

Leise schlüpfte ich aus dem Bett und holte ein Blatt Papier. Dann lag ich lange da und kaute am Bleistift, und schließlich schrieb ich die schönsten Worte auf, die ich kannte:

»Mit meinem Gott geh ich zur Ruh
und tu in Frieden meine Augen zu,
denn Gott vom Himmelsthrone
über mich wacht
bei Tag und Nacht,
schafft, daß ich sicher wohne.«

## *Gespenster*

Eines Abends, kurz vor dem Zubettgehen, hörte ich Lasse pfeifen. Ich kannte niemanden, der so pfiff wie Lasse. Zwei kurze Töne und dann ein Triller. Ertönte der Triller zuletzt, war dies ein Zeichen, daß es besonders wichtig war.

Die Treppe führte am Wohnzimmer vorbei und knarrte schauerlich. Daher war die Feuerleiter der einzige Weg ins Freie. Vorsichtig kletterte ich aufs Dach hinaus und kämpfte mich nach unten. Hartnäckig starrte ich die Wand vor mir an und vermied es tunlichst, hinunterzuschauen. Obwohl mir die Feuerleiter so vertraut war, verspürte ich doch jedesmal ein Ziehen im Magen.

Das letzte Stück mußte ich springen.

Endlich war ich unten. Von der Landung taten mir die Knie weh, und die Fußsohlen brannten. Aber wenn ich Lasse pfeifen hörte, hätte ich durchs Feuer gehen können.

Lasse hatte mich gesehen und tauchte aus den Schatten auf. »Der Schmied ist tot«, flüsterte er.

Seine Augen leuchteten, und er wirkte kein bißchen traurig. Er genoß es jedesmal, wenn er mir etwas Spannendes auftischen konnte – vor allem, wenn es mit Tod und Gefahr zu tun hatte. Und damit hatte es oft zu tun. Schließlich war Lasses Vater ja Totengräber.

»Also, der Schmied saß auf seinem Wagen, als er starb. Fiel einfach vom Sitz und war tot. Das Pferd hat ihn nach Hause gebracht.«

Der Schmied…

Wenn jemand gestorben war, mußte man trauern, das wußte ich. Aber es fiel mir schwer, um den Schmied zu trauern. Vor dem Schmied hatte ich fürchterliche Angst gehabt. Groß wie ein Riese war er gewesen und sehr stark. Am schlimmsten waren seine Augen, die zornig unter seinen roten Augenbrauen hervorfunkelten.

Ich hatte es nie gewagt, die Schmiede zu betreten. Dort brannte ein flammendes, fauchendes Feuer, und der schwere Vorschlaghammer des Schmieds fiel mit drohendem Klang auf den Amboß. Wenn der Pfarrer oder unsere Lehrerin von der Hölle oder von Satan erzählten, mußte ich jedesmal an die Schmiede und den Schmied denken.

Und jetzt war der Schmied also tot. Ich würde mich nie mehr vor ihm fürchten müssen.

»Das glaub ich dir nicht«, flüsterte ich.

»Komm, wir fahren hin und gucken nach«, antwortete Lasse eifrig. »In dem Zimmer, wo er aufgebahrt liegt, haben sie Leintücher vors Fenster gehängt.«

Vorsichtig holten wir den Roten Blitz und fuhren zur Schmiede rüber. Dort versteckten wir das Fahrrad hinterm Zaun und schlichen dann zum Haus.

Alles war dunkel. Kein helles Feuer flammte mehr in der Esse. Der Hammer lag so still da, als hätte ihn ebenfalls alles Leben verlassen. Aber vor den Fenstern im Haus des Schmieds waren keine weißen Leintücher zu sehen. Dort hingen genau wie sonst auch die karierten Vorhänge.

Wir warteten.

»Jetzt!« zischte Lasse.

Der Vorhang bewegte sich. Wurde zur Seite gezogen. Jemand schaute heraus. Wir sahen es alle beide: ein Gesicht, bleich wie der Tod. Aber die Augenbrauen waren immer noch buschig und leuchtend rot. Die schwarzen Augen starrten uns wie dunkle Löcher durch die Fensterscheibe an.

Ich spürte, wie mir tausend Ameisen durchs Haar krabbelten. Ich wurde ganz steif und konnte weder atmen noch davonrennen. Dann war die Erscheinung verschwunden.

Aber noch wehte der Vorhang im Fenster. Wir hatten es nicht geträumt!

»Du hast recht gehabt«, flüsterte Lasse. »Der Schmied spukt.«

Noch nie war ich so schnell geradelt. Und noch nie war Lasse auf seinen dünnen Beinen so schnell gerannt. Wie der Wind sausten wir über die Weide. Jetzt wußten wir, daß es tatsächlich Gespenster gab!

Wir wußten auch, daß niemand uns glauben würde. Bevor wir uns beim Birnbaum trennten, gaben wir uns feierlich die Hand darauf, niemandem zu erzählen, was wir gesehen hatten.

In dieser Nacht schlief ich schlecht. Ich

schwitzte und zitterte. Kaum wurde das Licht ausgemacht, schrie ich auf. Dann tauchten nämlich sofort die Augen des Schmieds vor mir auf.

Mama und Papa glaubten, ich sei krank, und gaben mir Zuckerwürfel mit Baldriantropfen. Davon pflegte ich immer schnell einzuschlafen, wenn ich Husten hatte.

Aber diesmal halfen die Zuckerwürfel kein bißchen, und erzählen konnte ich auch nichts. Denn wer petzt, wenn er mit Handschlag versprochen hat, zu schweigen, dem fault die Hand ab. Das weiß doch jeder.

Im Morgengrauen hörte ich Lasse pfeifen. Das eilige Signal!

Fröstelnd stolperte ich die Treppe runter. An die Feuerleiter war nicht zu denken. Nach dem vielen Baldrian, den sie mir eingeflößt hatten, hätte ich mir glatt das Genick gebrochen.

Da saß er, hinterm Zaun versteckt. Er grinste.

»Der Schmied war nur scheintot. Sie haben die Beerdigung abgeblasen. Am meisten tut mir mein Vater leid! Er hatte das Grab nämlich schon ausgehoben!«

# *Stützen des Vaterlandes*

Der Jahrmarkt stand vor der Tür, und ich mußte dringend Geld verdienen. Das Geschäft mit den Kaninchen war ja ein Riesenverlust gewesen.

Ich hatte mein Geld in einer braunen Zigarrenschachtel, die ich von Papa bekommen hatte, unterm Sofa versteckt. Der Deckel war mit zwei Hula-Hula-Mädchen verziert, die in wippenden Röcken aus hellgrünem Bast tanzten. Noch war die Schachtel fast leer. Ich wußte nicht, was ich tun sollte. Doch die Rettung nahte!

Eines Tages hielt unsere Lehrerin eine Rede

an die Klasse. Diese Rede handelte vom Krieg. Fräulein Svensson sagte, daß viele schwedische Männer die Grenzen des Vaterlandes bewachten, um sie zu verteidigen. Daher müßten wir hier zu Hause besonders tüchtig sein und mithelfen, wo wir nur könnten.

Was Fräulein Svensson sagte, war uns nicht neu. Viele meiner Klassenkameraden hatten Väter oder Brüder, die zum Militärdienst eingezogen waren. Niemand wußte, wo sie sich aufhielten. Das war geheim. Wenn man ihnen Briefe schrieb, stand auf dem Umschlag nur *Feldpost* und eine Nummer.

Die Kinder und Mütter mußten gemeinsam alles erledigen, was es daheim zu tun gab. Auf den Bauernhöfen war das sehr viel. Die Tiere brauchten Futter und Wasser, und die Kühe mußten morgens und abends gemolken werden. Die Rüben mußten aus dem Boden kommen, bevor sie festfroren. Die Äcker mußten gepflügt werden, bevor der Boden fror und der Schnee kam.

»Jetzt«, sagte Fräulein Svensson, »jetzt gibt es Kartoffelferien. Alle müssen raus und Kartoffeln ernten. Wir müssen dem Vaterland helfen.«

Großartig! Eine ganze Woche lang keine

Schule. Kartoffeln ernten, das klang lustig. Ich schielte zu Lasse rüber. Vielleicht konnten wir in derselben Furche ernten?

»Vom Kartoffelernten hab ich daheim genug«, brummte er. »Übrigens weiß ich eine bessere Methode, wie man dem Vaterland helfen kann. Ich arbeite gerade an so einer Sache, die werde ich dann gleich mal ausprobieren.«

Lasse arbeitete immer an irgendeiner Sache. Meistens war das allerdings geheim. Nur einmal nicht, das war im Sommer gewesen. Da hatte er im Backofen Schießpulver getrocknet, ohne daß seine Mutter es wußte. Dann hatte seine Mutter backen wollen. Den Knall hatte man damals im ganzen Dorf gehört.

Lasse war dabei, als wir uns frühmorgens auf den Weg machten. Er hatte einen Rucksack mit, obwohl Fräulein Svensson gesagt hatte, daß wir auf dem Bauernhof etwas zu essen bekämen.

Der Bauer war streng und duldete keine Schlachten mit Steinen und Kartoffeln. Wir wurden alle in je einer Furche aufgestellt, und neben uns standen die Eimer, in die wir die Kartoffeln legen sollten. Bisher hatte ich nie daran gedacht, daß Eimer so groß und tief waren. Da würden ja unglaubliche Kartoffelmengen reinpassen.

Die Erde war lehmig. Ich hatte das Gefühl, als hielte ein hartnäckiger Troll meine Stiefel fest. Aber ich war ebenfalls hartnäckig. Jedesmal, wenn ich meinen Eimer auf dem Kartoffelhaufen ausleerte, machte der Bauer einen Strich neben meinen Namen. Für jeden Eimer, den wir gefüllt hatten, bekamen wir etwas bezahlt. Ich dachte viel mehr an das Geld als ans Vaterland.

Um die Mittagszeit läutete eine Essensglocke am Scheunengiebel. Welch ein wundervoller Klang! Wir richteten uns auf und dachten nichts als essen, essen, essen!

Gebratener, gesalzener Speck und Berge von Kartoffeln. Wir saßen um den Tisch und schälten, was das Zeug hielt. Die Schalen waren klebrig und blieben an den Fingern hängen. Wir streiften sie ab und legten sie aufs Wachstuch.

Dann futterten wir. Noch nie im Leben hatte ich etwas so Leckeres gegessen!

Endlich war ich satt. Mein Kinn glänzte fettig, ich rülpste und lehnte mich behaglich an die Rückenlehne der Küchenbank.

Wo saß Lasse eigentlich? Er war nirgends zu sehen. Ich dachte an seinen Rucksack. Vielleicht war er draußen auf dem Acker geblieben, um dort seine mitgebrachten Brote zu essen?

Ich bedankte mich fürs Essen und drängte mich an den anderen vorbei. Aber kaum war ich draußen auf der Haustreppe, als mir ein Feuerschein entgegenschlug. Dann ein Knall. Und schließlich hagelte es Kartoffeln.

Halb blind und taub taumelte ich in die Küche zurück. Der Feind war da! Jetzt kam jede Hilfe fürs Vaterland zu spät.

Es dauerte ziemlich lange, bis ich begriff, daß jemand den Kartoffelhaufen gesprengt hatte. Ich erblaßte. Von Lasse keine Spur. Und niemand kam auf die Idee, nach ihm zu suchen. Ich war ja die einzige, die wußte, daß er seine ganz persönliche Vaterlandsverteidigung geprobt hatte.

Der Bauer begann fürchterlich zu fluchen. So etwas hatte ich bisher noch nie gehört, obwohl ich schon einiges gewohnt war.

Fräulein Svensson kniff ihren Mund zu einem Strich zusammen. Uns Kindern wurde befohlen, weiter zu ernten. Draußen lagen überall Kartoffeln – unter den Apfelbäumen, auf den Dächern und zwischen den Fliedersträuchern.

Ich weinte und weigerte mich. Fräulein

Svensson glaubte, daß ich von dem Knall geschockt sei. Ich konnte ihr ja nicht verraten, daß Lasse inmitten der zerfetzten Kartoffeln stückchenweise auf dem Bauernhof herumlag.

Der Bauer gab mir die drei Kronen, die ich verdient hatte, und dann durfte ich nach Hause gehen.

Bei der Kirche traf ich Lasse. Er kam vorsichtig hinter der Kirchenmauer vorgeschlichen und wollte wissen, was Fräulein Svensson gesagt habe. Seine Augenbrauen waren verschwunden, und auf dem linken Ohr war er taub. Aber sonst war er ganz!

Ich vergoß ein paar Tränen, als ich hinters Sofa kroch und meine Hula-Hulaschachtel öffnete. Die Freude war riesengroß. Drei blanke Kronen hatte ich – und dazu noch Lasse!

## *Düster heult der Nordwind*

»Düster heult der Nordwind«, sang mein großer Bruder Gustav mit bebender Stimme.

»Hör auf!« schrie ich und versuchte, mir die Ohren zuzuhalten.

Aber er war stark und fesselte meine Arme mit eisernem Griff. Unsere Eltern waren eingeladen, und Gustav sollte auf mich aufpassen.

Gustav war siebzehn und besuchte das Gymnasium in der Stadt. Aber am Wochenende war er meistens zu Hause, und darüber freute ich mich normalerweise.

Jetzt sang er weiter, und zwar das traurigste

Lied, das ich kannte. Es handelte von zwei Kindern, die Ester und Axel hießen. Der Vater trank, und die Mutter war tot. Ich konnte es einfach nicht ertragen!

Aber Gustav sang unbeirrt weiter:

»Düster heult der Nordwind
zu später Stund ums Haus.
In der Stube sitzt ein blasses Kind,
ein Mägdelein, und horcht hinaus.
Die weiße Wange, der matte Glanz des
Augenlichts
sprechen von Krankheit und Not.
Ihr Vater, dieser Taugenichts,
vergaß der Kinder Brot.«

Hier verstummte er und fragte: »Nun, willst du jetzt endlich gehorchen?«

»Nein«, heulte ich, obwohl mir die Tränen aus den Augen schossen.

Da legte er mit dem zweiten Vers los:

»In der kalten Stub am Fenster kniet
Axel und folgt der Wolken Flug.
Sein innres Aug vergangne Bilder sieht,
schon manches Leid der Knabe trug.

Obwohl ihm aus dem Aug die Träne quillt,
er singt: Schwesterlein, nun weine nicht.
Bald kommt der Vater, der unsern Hunger stillt,
gewiß bringt er uns Wärme und auch Licht.«

Noch mehr ertrug ich nicht. Ich kannte das Lied genauso gut wie Gustav. Jetzt ging er direkt zum siebten Vers über, und der handelte davon, wie Axel einen Stern fallen sah und begriff, daß seine kleine Schwester Ester in seinen Armen gestorben war.

Nach dem zweiten Vers ließ Gustav meine Arme los. Er wußte, daß ich reif war. Die einzige Möglichkeit, dem siebten Vers zu entgehen, war, Gustav zu gehorchen. Ich mußte also in den Keller runter und ihm eine Flasche Limonade holen.

Schluchzend packte ich Peggy mit festem Griff am Halsband. Alleine würde ich unter keinen Umständen in den Keller gehen. Der Boden war eiskalt unter meinen nackten Füßen. Die Finsternis war grauenvoll.

Ich tastete mich an den rauhen Wänden entlang, Peggy treu an meiner Seite. Aber sie brauchte bloß die Witterung einer Maus in die Nase zu kriegen, um davonzusausen.

Ich setzte mich auf die Treppe und wärmte meine Füße an Peggys Fell. Alle Schauergeschichten, die ich je über Geister und Mörder gehört hatte, fuhren mir durch den Kopf. Der ganze Keller wimmelte nur so von finsteren Gestalten, davon war ich überzeugt.

Endlich erreichte ich das Regal, wo die Flaschen standen. Ich tastete, bis ich eine erwischte, und stolperte dann, so schnell ich konnte, wieder hinauf ans Licht.

Wütend funkelte ich Gustav an. Ein wenig stolz war ich aber auch... Immerhin hatte ich es gewagt!

»Da!« Ich warf Gustav die Flasche in den Schoß.

Er sah sie an und lachte. »So, jetzt mußt du mir auch noch einen Korkenzieher besorgen.«

Ich hatte aus Versehen eine Flasche Bier gegriffen, und die Bierflaschen hatten damals Korken.

Der Korkenzieher lag in der Küche, also blieb mir der Keller erspart. Und da ich schon mal in der Küche war, stibitzte ich auch gleich zwei Zimtschnecken aus der Speisekammer. Dann schlossen wir Frieden und futterten einträchtig unsere Zimtschnecken.

Eigentlich war Gustav keineswegs ein solcher Plagegeist, wie man hätte meinen können. Er wußte ja, daß der Keller kein bißchen gefährlich war, und hatte sich vorgenommen, mich mutig zu machen.

»Wie sollst du im Leben zurechtkommen«, sagte er, »wenn du dich vor so einem bißchen Dunkelheit fürchtest?«

Ich schwieg. Er hatte recht! Und eigentlich wußte ich auch, daß Gustav am liebsten selbst in den Keller gegangen wäre – wenn er es gekonnt hätte.

Als kleiner Junge hatte er Kinderlähmung gehabt – lange bevor ich geboren wurde. Seither ging er an Krücken. Seine Beine waren so schwach, daß sie brechen konnten, wenn er hinfiel.

Ich dachte nie besonders viel darüber nach, daß Gustav an Krücken ging. Ich hatte ihn nie so wie andere Jungen herumrennen sehen. Von klein an hatte ich ihm seine »Laufbeine« ersetzt. Und das tat ich gern. Wenn er mich nur nicht in den Keller schickte!

»Erzähl mir was!« bat ich und kroch neben ihn aufs Sofa.

Er hatte eine Menge Abenteuerbücher gelesen, die von Seefahrern handelten. Manchmal erzählte er von Piraten, manchmal von spannenden Weltumseglungen. Heute abend erzählte er von der Titanic. So hieß das größte Passagierschiff der Welt. Alle waren davon überzeugt gewesen, daß dieses Schiff nicht sinken konnte. Doch dann war es mit einem Eisberg zusammengestoßen und versunken.

»Gegen Eisberge ist man eben machtlos«, sagte Gustav.

Ja, nicht einmal Gustav wußte, wie man mit Eisbergen fertig werden sollte. Und das, obwohl er fast alles über die Seefahrt wußte.

Mama hatte erzählt, daß Gustav Kapitän werden wollte, als er klein war. Er spielte immer nur mit Schiffen. Und niemand baute so schöne Schiffsmodelle wie er. Aber ein Kapitän muß gesunde Beine haben.

Natürlich gab es viele andere Berufe, die Gustav ergreifen konnte. Aber keinen, den er so wirklich von Herzen gewollt hätte.

Obwohl ich mich so sehr vor dem Keller fürchtete, liebte ich unheimliche Abenteuergeschichten. Wenn Gustav nicht daheim war, las ich sie selbst in meinen Büchern.

Die wenigen Bücher, die ich besaß, kannte

ich fast auswendig. Ich hatte *Wolfsblut* und *Grimms Märchen* und *Die Höhlenkinder* und *Sigismund Rüstig. Die Heilige Genoveva* hatte Tante Beda mir zu Weihnachten geschenkt. Wahrscheinlich fand sie, daß ich das nötig hatte.

Papa besaß viele Bücher, aber die waren mir zu schwierig. Es gab nur eines, mit dem ich etwas anfangen konnte, und das war ein Witzebuch mit vielen unanständigen Wörtern. Die übersprang ich jedesmal beim Lesen.

In der Schule durften wir Bücher ausleihen. Jeden Samstag nach der letzten Stunde stellte Fräulein Svensson uns in einer Reihe auf. Die Bücher verwahrte sie in einem Schrank hinterm Pult. Alle waren säuberlich in hellbraunes Packpapier eingebunden, die Umschlagbilder konnten wir daher nicht sehen. Aber wenn wir uns auf die Zehenspitzen stellten und den Kopf schief legten, konnten wir beinahe lesen, wie das Buch hieß. Fräulein Svensson hatte die Titel mit Tinte draufgeschrieben.

Jeder durfte ein Buch ausleihen. Wer besonders brav und tüchtig gewesen war, bekam zwei. Aber Fräulein Svensson suchte die Bücher immer für uns aus.

Heute hatte ich Glück! Ich bekam ein Buch, das ich noch nicht gelesen hatte. Es hieß *Robinson Crusoe.* Rasch schlug ich es auf. Da – ein Bild! Robinson hatte Hosen aus zottigem Fell an und sah wie ein Ziegenbock aus. Ich preßte das Buch an mich und rannte schnell nach Hause.

Wenn die Sonne schien, saß ich meistens im Birnbaum und las. Der Birnbaum war so groß, daß niemand mich zwischen den vielen Blättern sehen konnte.

Aber inzwischen war es Herbst. Die Blätter lagen verwelkt auf dem Boden, und von den Zweigen tropfte der Regen. Das machte nichts, ich hatte nämlich einen anderen Platz gefunden: ganz oben auf dem Dachboden. Zuerst mußte man eine Leiter hinaufklettern, dann kroch man durch eine Luke. Dort oben gab es sogar elektrisches Licht, das man unten einschalten konnte, bevor man die Leiter raufkroch.

Ich hatte eine alte Wolldecke hinaufgeschmuggelt und mir dort oben ein Nest gebaut. Bald lag ich in dem Nest und las, las und las.

Robinson war ein englischer Junge, der genau das getan hatte, was ich auch gern tun wollte: Er war mit einem Schiff ausgerissen, um die große, weite Welt kennenzulernen.

Das Licht der Glühbirne war nicht besonders hell. Meine Augen begannen zu brennen. Ich hielt das Buch näher an die Glühbirne und las weiter: *Der Wind pfiff durch die Takelagen und Taue, die Kajütentür flog mit einem fürchterlichen Knall zu, und das ganze Schiff wurde heftig umhergeschleudert. Robinson schwindelte es, er glaubte, sein letztes Stündchen habe geschlagen!*

*Mal blitzte es, daß der ganze Himmel in Flammen zu stehen schien, dann wiederum war es stockfinster, und der Donner grollte mit gewaltigem Poltern…*

Da ging das Licht aus.

Zuerst fand ich das völlig in Ordnung. Ich hörte sogar das Donnergrollen. Aber plötzlich wurde mir kalt vor Angst, und ich begann aus Leibeskräften zu schreien.

Da ging das Licht wieder an, und Mama steckte den Kopf durch die Luke. Sie hatte geglaubt, eine Katze sei auf dem Dachboden eingesperrt.

Mein Herz klopfte, und meine Beine zitterten, als ich runterkroch. Aber nicht, weil ich so erschrocken war. Nein, ich war wütend. Jetzt war mein Nest ja unbewohnbar geworden! Wenn jedermann das Licht so einfach ausmachen konnte, traute ich mich nicht, dort oben zu sein. Eine Möglichkeit gab es allerdings...

Beim Eisenwarenhändler gab es Taschenlampen mit Batterie. Kurz entschlossen kroch ich hinters Sofa und leerte die Hula-Hulaschachtel. Dann kaufte ich mir eine schöne schwarze Taschenlampe, die sich herrlich kalt anfühlte, wenn man sie in der Hand hielt.

Jetzt war ich in meinem Nest oben auf dem Dachboden sicher.

# *Zwischen Löwen und Flöhen*

Endlich! Morgen war Jahrmarkt!

Das war dem ganzen Dorf anzumerken. Alle sahen froh und erwartungsvoll aus. Der Oktoberregen schüttete herab. Das gehörte dazu.

Im Fenster der Bäckerei hingen bereits farbenfrohe Jahrmarktbonbons, die in buntes gekräuseltes Papier eingewickelt waren. Der Eisenwarenhändler hatte gelbe, rote und grüne Ballons gekauft.

Schon früh am Morgen des Jahrmarktstages durfte Lasse zum Eisenwarenhändler kommen und sie alle aufblasen. Für vier Stück, die er aufblies, bekam er ein Öre. Wenn einer platzte, wurden ihm zwei Öre abgezogen.

Die einzige Person, die an diesem Tag düster aussah, war ich. Ich saß mit meiner Hula-Hula-schachtel hinterm Sofa und zählte mein verbliebenes Vermögen. Nachdem ich die teure Taschenlampe gekauft hatte, waren nur noch eine Krone und achtundvierzig Öre übrig.

Einmal Karussellfahren kostete fünf Öre. Wenn ich richtig gerechnet hatte, würde ich neunundzwanzigmal fahren können. Dann hätte ich noch drei Öre für Bonbons übrig.

Ich ließ das Geld in der Schachtel klappern. Eine Möglichkeit gab es noch, etwas hinzuzuverdienen. In der Nachbarschaft gab es einen Stall, in dem die Bauern ihre Pferde einstellten, wenn sie Einkäufe machten und auf die Bank gingen. Bevor sie wieder nach Hause fuhren, tranken sie meistens Bier und schliefen dann ein Stündchen in ihren Karren auf dem Stroh. Die leeren Flaschen blieben im Stall liegen. Wir Kinder wußten, daß in den dunklen Winkeln Geld zu finden war. Der Kaufmann bezahlte nämlich für jede Flasche, die wir ihm brachten.

Allerdings bekamen wir nicht immer Geld für die Flaschen. Manchmal mußten wir sie gegen irgendwelche Waren im Laden eintauschen. Und das war auch nicht schlecht. Zum Beispiel, wenn es Knallpulver war, das man mit einem Stein zum Explodieren bringen konnte. Oder ein Stück Wurst ohne Lebensmittelkarte. Die schmeckte unbeschreiblich gut. Mama kaufte diese Wurst allerdings nie. Sie wisse, aus was die gemacht sei, sagte sie immer.

Eigentlich war es mir nicht erlaubt, Bierflaschen zu suchen. Also mußte ich es heimlich tun. Aber ausgerechnet heute abend war keine einzige Flasche mehr da. Ich war nicht die einzige, die Geld für den Jahrmarkt brauchte.

Papas leere Flaschen aus dem Keller zu klauen – darauf verzichtete ich lieber. Das hatte ich schon mal versucht... Mit leeren Händen ging ich enttäuscht nach Hause.

Plötzlich ertönte ein ohrenbetäubendes Geheul. Ich glaubte, es sei Fliegeralarm, und warf mich in den Graben. Dort blieb ich liegen und spähte zum Himmel hinauf.

Aber keine Flugzeuge kamen angebrummt. Statt dessen sah ich ein graues Riesentier auf der Straße. Ein Elefant! Er war größer als der Lastwagen des Bäckers. Jetzt trompetete er wieder.

Hinter ihm kamen zwei weiße Pferde angetrippelt und ein braunzotteliges Kamel. Kamele kannte ich schon. Die gab's in der Weihnachtskrippe der Sonntagsschule.

Als letztes kam ein Käfig auf Rädern. Hinter den engen Gitterstäben lag ein goldener Löwe!

Ein Zirkus! Ein richtiger Zirkus! Bisher hatte ich einen Zirkus nur im Kino gesehen.

Am Abend schlichen wir Kinder neugierig um das rotgestreifte Zelt herum. Hoch oben flatterte ein hellblauer Wimpel, auf dem *Zirkus* stand. Als ob wir das nicht längst wußten!

Ein großes Plakat verkündete, was es im Zirkus alles zu sehen gab. Einen Flohzirkus. Einen Clown, der Bälle in die Luft warf. Sein Gesicht war weiß wie Schnee, und sein Mund reichte von einem Ohr zum anderen.

Dann war da ein Mann im Tigerfell, der ein Schwert verschluckte. Wir maßen die Länge des Schwerts und überlegten, wie das wohl in seinem Bauch Platz finden mochte.

Am allerschönsten war die Zirkusprinzessin, die auf dem Rücken von weißen Pferden tanzte. Die Pferde hatten wir ja bereits in Wirklichkeit gesehen. Aber niemand von uns hatte die Zirkusprinzessin zu Gesicht bekommen. Und eine Riesendame auch nicht.

Alles war so rätselhaft und geheimnisvoll. Ab und zu hörten wir den Löwen brüllen. Dann lief es uns kalt über den Rücken. Und als der große Elefant zur Antwort trompetete, wäre ich am liebsten davongelaufen.

Manchmal gelang es uns, einen Blick auf Lasse zu werfen. Er war der einzige von uns, der es geschafft hatte, in dieses Zauberreich vorzudringen. Geschickt wie er war, hatte er in der Nähe gestanden, als der Zirkusdirektor jemanden brauchte, der ihm Bier besorgte.

Danach durfte Lasse für die vielen Tiere Wasser von der Pumpe holen. Jedesmal, wenn er mit dem Eimer kam, halfen wir ihm beim Pumpen. Gleichzeitig versuchten wir, ihn auszufragen.

»Hast du den Clown gesehen?«

»Gibt's da auch einen Zauberer?«

»Und die Zirkusprinzessin?« fragte ich atemlos. »Die ist doch hoffentlich dabei?« Und noch während ich die Frage stellte, wußte ich, daß Lasse mich für immer und ewig vergessen würde, wenn sie tatsächlich dabei wäre.

Aber Lasse schwieg. Nicht ein einziges, noch so kleines Zirkusgeheimnis kam über seine Lippen.

Direkt neben dem Zirkus stand das Karussell.

Ich sah es an und seufzte. Der Eintritt in den Zirkus kostete eine Krone. Wenn ich mir den Zirkus leistete, könnte ich nur noch neunmal Karussell fahren.

Aber plötzlich...

Manchmal übertrifft die Wirklichkeit die Phantasie. Mein Vater kam über den Marktplatz gestiefelt, geradewegs auf das Zirkuszelt zu. Er hatte seinen weißen Kittel an und hielt die Instrumententasche in der Hand.

Als er in dem großen Zelt verschwand, lief ich sofort hinterher und hielt mich an seinem Kittel fest.

Im Zelt roch es scharf nach Tieren – ganz anders als der Geruch nach Kühen und Schweinen, irgendwie unheimlicher und wilder. Mein Herz klopfte, und ich hielt den Atem an, als ich hinter Papa her zum Löwenkäfig schlich.

Daß Papas Arbeit gefährlich war, wußte ich. Er war schon von wütenden Stieren, die keine Spritze haben wollten, mit den Hörnern gestoßen worden. Erschrockene Pferde hatten ihn getreten, wenn er schmerzende Geschwüre aus ihren Hufen schnitt. Und die Hunde bissen manchmal zu, wenn er ihnen einen kranken Zahn zog.

Aber ein Löwe!

Mir fiel ein schauriges altes Lied ein, das Großvater ab und zu sang und das von der Tochter des Löwenbändigers handelte. Die Tochter wollte heiraten und in ein anderes Land ziehen. In ihrem weißen Brautkleid trat sie in den Löwenkäfig, um ihren Löwen zum Abschied zu küssen. Doch der Löwe wurde eifersüchtig und riß sie in Stücke.

Hoffentlich hatte Papa in seinem weißen Kittel dieses Lied nie gehört. Wie mochte er sich wohl fühlen? Ob er genausoviel Angst hatte wie ich? Zumindest zeigte er es nicht. Er verhielt sich ganz so wie immer – näherte sich vorsichtig dem Tier und pfiff dabei ganz ruhig ein Liedchen.

Mit glänzenden Augen beobachtete der Löwe seine Schritte. Noch lag er still. Doch dann begann er zu knurren!

Rings um den Käfig standen die Zirkusleute. Atemlose Stille herrschte. Lasse stand ganz vorn, er war schneeweiß im Gesicht. Papa machte ein Zeichen, daß die anderen sich zurückziehen sollten. Dann holte er seine längste Zange aus der Tasche.

Vorsichtig steckte er die Zange durchs Gitter.

Und tatsächlich! Die Zange reichte genau bis zu der kranken Pfote des Löwen. Der Löwe knurrte noch lauter und zog die Oberlippe hoch. Er schien Papa mit seinen scharfen Zähnen angst machen zu wollen.

Doch da – schwuppdich! Als Papa die Zange zurückzog, brachte sie einen spitzen Holzsplitter mit.

Der Löwe schwieg und leckte seine Wunde.

Ich wußte, daß Papa meistens einen Verband um die Wunden legte, und das Herz blieb mir erneut fast stehen. Hatte er etwa vor, in den Käfig zu kriechen und die Löwenpfote mit einer Mullbinde zu umwickeln?

Nein, ganz so mutig war er dann doch nicht. Ich seufzte vor Erleichterung, als er sagte:

»Sorgt dafür, daß das Stroh im Käfig ganz sauber ist. Sonst kann sich in der Wunde Eiter bilden.«

Er wusch seine Zange aus.

Plötzlich merkte ich, wie sehr ich mich gefürchtet hatte. Ich hatte das Gefühl, aus einem Alptraum aufgewacht zu sein. Neugierig sah ich mich um. Wo waren der farbenfrohe Clown und der Mann, der Schwerter schluckte? Und die Zirkusprinzessin? Wenn ich doch nur wenigstens einen kurzen Blick auf die Zirkusprinzessin werfen dürfte!

Ich lief zwischen den Käfigen und Wagen umher und spähte voller Neugier in alle Winkel, aber keine dieser geheimnisvollen Gestalten ließ sich blicken. Bei den Pferden waren nur ein paar müde Männer damit beschäftigt, auszumisten. Zwei Jungen reparierten eine zerbrochene Leiter.

Gleich neben dem Löwenkäfig stand ein mageres kleines Mädchen mit struppigen Haaren und viel zu dünnen Kleidern. Sie fröstelte in der Kälte.

»Tag«, sagte ich. »Weißt du, wo die Zirkusprinzessin ist?«

Sie lächelte, aber ihr Blick war traurig. Und bevor ich noch weitere Fragen stellen konnte, huschte sie davon.

Wie dumm von mir! Die Zirkusprinzessin lag natürlich im Bett und ruhte sich aus. Es war bestimmt sehr anstrengend, auf Pferderücken herumzutanzen.

Papa war inzwischen fertig, aber der Zirkusdirektor hatte ein weiteres großes Problem.

»Unser armer Elefant hat Flöhe«, sagte er. »Könnten Sie bitte zwei Liter Alkohol verschreiben, damit wir den Ärmsten abwaschen können. Es juckt ihn ganz fürchterlich.«

Aber Papa sah die rote Nase des Zirkusdirektors an. Der Elefant würde von diesen zwei Litern Alkohol wohl kaum etwas abbekommen.

»Es wäre besser, wenn Sie die Flöhe einfangen würden«, sagte Papa. »Dann hätten Sie Nachschub für Ihren Flohzirkus.«

Dann wollte Papa, daß der Zirkusdirektor ihn für seine Arbeit bezahlte.

»Nun, Geld hab ich keines«, sagte der Zirkusdirektor säuerlich. »Aber hier ist eine Freikarte für die Vorstellung heute abend.«

»Besten Dank«, sagte Papa. »Aber für Zirkus hab ich nichts übrig. Mir tut es weh, wenn man wilde Tiere in einen Käfig sperrt.«

»Papa«, flüsterte ich erschrocken und zupfte ihn am Kittel. »Ich will doch in den Zirkus! Bitte, nimm die Freikarte an!«

Er brummte vor sich hin. Aber als wir gingen, lag die Freikarte in seiner Tasche. Erwartungsvoll hüpfte ich hinter ihm her. Jetzt konnte ich sowohl in den Zirkus gehen als auch Karussell fahren!

## *Eine echte Zirkusprinzessin*

Der große Tag brach an. In der Nacht hatte ich kaum ein Auge zugetan. Der Regen hatte aufgehört. Eine blasse Oktobersonne schien auf den Frühstückstisch.

Mama hatte Pariser Brote gemacht – mit Hackfleisch bestrichene, gebratene Brotscheiben –, mein Lieblingsgericht. Sie wußte, daß ich heute Extrakräfte brauchte.

Ich lächelte. Durfte man überhaupt so glücklich sein? An einem und demselben Tag Pariser Brote und Jahrmarkt!

Als der Teller blank geputzt war, verschwand

ich hinterm Sofa. Dort leerte ich meine Hula-Hulaschachtel. Meine Schürzentasche wurde schwer wie Blei. Dann lief ich hinaus.

Draußen war alles wie verzaubert. Der Jahrmarkt hatte bereits angefangen. Sonst war die Straße ein friedlicher Ort, jetzt wimmelte es hier von Menschen und Tieren. Kleine Kinder liefen hin und her und bliesen in bunte Blechtrompeten. Kühe brüllten und Pferde wieherten.

Wer es irgendwie möglich machen konnte, kam zum Jahrmarkt, um Kühe zu verkaufen oder Pferde zu tauschen. Dort traf man Bekannte, dort ging man zu Kaffee und Kuchen in die Konditorei. Auf dem Jahrmarkt wurde gehandelt und gerauft, dort ließ man sich vollaufen und dort verlobte man sich.

Auf dem Marktplatz standen lange Reihen von Buden, wo Haarbänder und geblümte Kopftücher verkauft wurden und Flaschen mit duftender Haarpomade, die die Männer sich in die Haare schmierten, damit sie glatt anlagen. In einer der Buden gab es Albumbildchen mit Zwergen, Engeln und großen Rosenkörben, außerdem waren dort richtige Gemälde ausgestellt. Vor allem eines dieser Gemälde hatte es mir angetan.

Ich blieb lange davor stehen und sah es an. In der Mitte ging ein Mädchen über eine zerbrochene Brücke. Tief unter dem Kind toste ein reißender Fluß. Aber hinter ihm schwebte ein Engel mit weißen Flügeln und in einem langen blauen Kleid. Es hätte nicht viel gefehlt, und ich hätte das schöne Bild gekauft. Nachdenklich klapperte ich mit den Münzen in meiner Tasche. Doch dann siegte das Karussell.

Auf der untersten Ebene des Karussells befanden sich die Esel und die großen weißen Schwäne, in denen die Kleinkinder sitzen konnten. Das war nichts für mich.

Hoch darüber hingen die Schaukeln an langen Ketten. Wenn das Karussell richtig in Schwung gekommen war, wurden die Schaukeln nach außen geschleudert, so daß man durch die Luft schwebte. Über den ganzen Marktplatz war zu hören, wie die Leute oben in den Schaukeln lachten und kreischten. Damit wollte ich fahren!

Während ich darauf wartete, daß das Karussell anhielt, kaufte ich Karten, alle neunundzwanzig auf einmal. Dann brauchte ich nicht immer wieder auszusteigen, um neue zu kaufen.

So, jetzt ging es los!

Ich packte eine Schaukel und sprang hinauf. Dann setzte ich mich richtig hin und hakte die Kette vor meinem Bauch ordentlich ein. Es war ein hinreißender Augenblick!

Der Junge, der die Maschinerie betrieb, setzte das Karussell in Bewegung. Und sachte, sachte begann die Welt sich zu drehen. Die Musik schepperte los, und das Karussell drehte sich schneller. Die Schaukel flog höher und höher in die Luft hinauf. Rund herum, immer im Kreis herum!

Meine Haare standen vom Kopf ab, und alles kreiste wie wild.

Bald gab es nur noch mich. Der Wald wurde zum Himmel. Der Himmel wurde zum Wald. Die großen Häuser wirbelten wie Klötze irgendwo zwischendrin. Aber am meisten zwischendrin war mein Magen – voller Pariser Brote.

Ich klammerte mich mit kalten, weißen Fingern an die Kette der Schaukel. Und als ich endlich aussteigen konnte, übergab ich mich ausgiebig hinter dem Zirkuszelt.

Es half nichts, daß ich auf festem Boden stand. Alles drehte sich trotzdem weiter.

Auf weichen Knien wankte ich nach Hause zu meinem Bett. Dort schlief ich, bis der Jahrmarkttag seinem Ende zuging. Jedesmal, wenn ich mich umdrehte, raschelte etwas in meiner Tasche. Die Fahrscheine fürs Karussell!

Als ich aufwachte, hielt ich sie lange in der Hand und starrte sie an. Dann stand ich auf. Schwindlig und blaß wankte ich zum Marktplatz rüber.

Die Frau an der Kasse wollte die Fahrscheine nicht zurücknehmen. Da wurde ich so wütend, daß es mir fast wieder gutging. Ich pflanzte mich in der Nähe des Karussells auf und verkaufte sie für vier Öre pro Stück. Die Fahrscheine gingen weg wie warme Semmeln.

Dann marschierte ich zur Bilderbude und kaufte das Bild mit dem Engel.

Als es Zeit für den Zirkus wurde, ging es mir besser, ja, ich hatte beinahe wieder Hunger. Ich hatte eine besonders gute Eintrittskarte bekommen, ich durfte nämlich vorne am Rand der Manege sitzen. Fräulein Svensson saß neben mir.

Lasse war ebenfalls im Zirkus, saß aber nicht im Publikum, sondern trug eine leuchtendrote Jacke und gehörte zum Hilfspersonal. Er war so stolz, daß er mich fast nicht zur Kenntnis nahm.

Der Löwe war nirgends zu sehen. Wahrscheinlich lag er in seinem Käfig und leckte seine Pfote. Und das war mir nur recht. Von Löwen und Karussells hatte ich vorläufig genug.

Die Musik schmetterte los. Die ganze Luft vibrierte vor Festlichkeit. Als erstes stolperte der Clown auf seinen großen Schuhen durch die Manege, und wir lachten über alles, was er anstellte. Vor allem, als er Fräulein Svensson auf den Schoß kroch und ihr mit seinen roten Lippen einen Schmatz gab.

Der Schwertschlucker war krank, hatte Halsweh. Doch dafür konnten wir vier Pudel singen hören. Sie schwänzelten im Kreis herum und wollten gar nicht mehr aufhören zu singen.

Der große Elefant stapfte auf seinen platten Füßen rund um die Menge. Ausgerechnet vor meinem Platz streckte er den Rüssel in die Luft und trompetete. Als er mir dabei mit seinen winzigen Augen zuzwinkerte, sah er wie Tante Beda aus, nur viel lieber.

In der Pause konnte man den Flohzirkus besuchen. Der gefiel mir besonders gut. Die Flöhe schaukelten und zogen kleine Wagen. Leider verliebte sich einer von ihnen in mich und begleitete mich nach Hause. Daheim wurden aus dem einen dann viele Flöhe.

Dann kam ein Junge, der eine Riesenschlange

um den Hals trug. Ich fand die Schlange eklig, aber der Junge wollte, daß ich sie streichelte. Als ich mich weigerte, faßte Lasse die Schlange an. Er sagte, sie sei warm und trocken gewesen und nicht kalt und schleimig. Ich wußte nicht recht, ob er mich anschwindelte.

Plötzlich schmetterte das Orchester eine fröhliche Melodie, und die weißen Pferde kamen in die Manege galoppiert. Und da stand sie, die Prinzessin, aufrecht und stolz auf den Pferderücken! Sie tanzte und sprang vom einen Rükken zum anderen, ohne runterzufallen.

Auf dem Plakat war die Prinzessin wunderschön gewesen. Aber im Vergleich mit der Wirklichkeit war das gar nichts! Ihr Kleid glitzerte. Ihre Locken flogen. Sie lächelte und warf dem Publikum Kußhändchen zu. Eines warf sie Lasse zu, worauf seine Wangen noch heftiger leuchteten als seine rote Jacke. Ich hätte viel darum gegeben, an ihrer Stelle zu sein!

Plötzlich war alles vorbei. Zeit für den Heimweg. Die Prinzessin auf ihren stolzen Pferden war aus der Manege verschwunden.

Aber im selben Augenblick, als ich das Zelt verließ, sah ich sie. In eine Decke gehüllt stand sie in einer Ecke im Schatten. Ihr Kleid glitzerte nicht mehr. Mit traurigen Augen lächelte sie mich an.

Ich wollte es nicht wahrhaben. Aber die Zirkusprinzessin war dasselbe Mädchen, das ich beim Löwenkäfig gesehen hatte.

## *Wir retten einen Todeskandidaten*

Lasse und ich hatten auf der Wiese hinter der Kirche Ball gespielt – das heißt, Lasse kickte und rannte, und ich stand im Tor. Ich selbst rannte nur, wenn mein Leben oder etwas Eßbares in Gefahr war.

Als ich nach Hause kam, sah Mama meine Schuhe an und seufzte. Ich kannte niemanden, der so gut seufzen konnte wie Mama. Man wußte dann sofort, was sie dachte, selbst wenn sie kein einziges Wort sagte.

Ich hatte die Schuhe am Tag zuvor bekommen. Unsere Bezugskarten für Schuhe waren schon längst aufgebraucht. Daher hatte Mama kartenfreie Schuhe kaufen müssen, und kartenfreie Schuhe waren aus gepreßter, angemalter Pappe hergestellt. Die Sohlen waren aus Holz.

Wenn man mit Schuhen aus Pappe auf gefrorenem Boden Fußball spielt, hinterläßt das Spuren. Der eine Schuh war aufgeplatzt.

»Zieh deine Stiefel an und bring die Schuhe zum Schuhmacher«, sagte Mama.

Lasse stand hinter der Hausecke und wartete. Er begleitete mich nie ins Haus, und ich lud ihn auch nicht ein. Das erschien mir sicherer so. Mama hatte nämlich nicht immer die gleiche Einstellung wie ich zu den Menschen in unserer Umgebung.

Der kürzeste Weg zum Schuhmacher führte über zwei Zäune und dann am Bäcker und Metzger vorbei. Die Schuhe waren schwer. Ich trug sie wie zwei Wickelkinder im Arm. Jedesmal, wenn wir kletterten, mußte ich sie vorher über den Zaun werfen. Das brauchte seine Zeit.

Beim Abfallhaufen des Bäckers blieben wir wie immer ein Weilchen stehen und beobachteten die Ratten. Lasse behauptete, daß man Ratten zähmen könne, man müsse nur das Glück haben, eine besonders kluge zu fangen.

»Die da sieht helle aus«, flüsterte er und zeigte auf eine dunkelbraune Ratte. »Mist, jetzt müßte ich meine Falle dabeihaben.«

Ratten zählten nicht zu meinen Lieblingstieren. Daher fiel mir plötzlich ein, daß ich es eilig hatte. Es wurde schon dunkel, und um sechs mußte ich zum Abendessen zu Hause sein.

Beim Metzger war es ausnahmsweise ziemlich still. Das bedeutete, daß er gerade keine Tiere schlachtete. Aber draußen auf dem Hof stand ein Käfig mit dem nächsten Opfer.

Das Opfer war ein Schwein. Wir hatten schon oft verbotenerweise beim Schlachten zugeschaut, daher wußten wir, was dem bedauernswerten Tier bevorstand.

Das Schwein gab ein trauriges Grunzen von sich. Es klang, als wüßte es bereits, was es erwartete. Wir hockten uns ein Weilchen neben den Käfig, um es zu trösten. Aber in solchen Fällen fehlen einem oft die richtigen Worte. Wie tröstet man einen Todeskandidaten?

Wir nahmen ein Strohbüschel und versuchten, das arme Tier damit durch die Gitterstäbe des Käfigs hindurch zu kraulen. So was tut ja immer gut. Aber es blickte uns dennoch mit seinen hellblauen Augen düster an.

Schweigend gingen wir weiter. Im Haus des Schuhmachers war Licht. Stimmen drangen durchs Fenster heraus. Zuerst die des Schuhmachers. Er hatte es sich angewöhnt, mit Holznägeln zwischen den Lippen zu sprechen, wenn er mit dem Hammer Nägel in die Schuhe klopfte. Daher klang seine Stimme schrill, aber undeutlich.

Die andere Stimme gehörte dem Metzger. Sie war so tief und kräftig, daß man sie sogar noch hören konnte, wenn die Tiere in der Schlachterei brüllten. Aber irgendwie klang die Stimme des Metzgers diesmal seltsam, sie hallte so komisch.

Vorsichtig spähten wir durchs Fenster. Aufrecht wie ein Besenstiel saß der Metzger auf dem Schemel des Schuhmachers, vom Nacken abwärts in einen grünen Umhang gehüllt. Auf dem Kopf hatte er die emaillierte Futterschüssel des Schuhmacherhundes. Der Metzger war einäugig und starrte freundlich mit seinem einen Auge unter dem Schüsselrand hervor.

Der Schuhmacher stand neben ihm. Heute abend hatte er keine Holznägel im Mund. Den eisernen Leisten, über den er die Schuhe zu spannen pflegte, während er nagelte, hatte er beiseite gestellt. In der Hand hielt er eine Schere.

Mit raschen Schnitten führte er die Schere am Rand der Schale entlang. Kleine weiße Haarbüschel segelten wie Schnee vom Kopf des Metzgers auf den Boden hinab. Dank der Schüssel wurden die Haare schön gleich lang.

Ich sah Lasse an. Lasse sah mich an. Wir wußten, daß es seine Zeit dauerte, wenn der Schuhmacher Haare schnitt.

Die Schuhe abzugeben, das ging schnell. In der Schuhmacherwerkstatt stach uns der scharfe Geruch nach Leim und Leder nur kurz in die Nase.

Da war es schon schwieriger, den Schweinekäfig zu öffnen. Die Verriegelung war mit einem rostigen Nagel ordentlich gesichert. Aber Lasse hatte kräftige Finger und klopfte den Nagel mit einem Stein heraus.

Wir hatten erwartet, daß das Schwein hochbeglückt sofort davonrennen würde. Doch statt dessen blieb es einfach im Käfig stehen. Und das war wohl nicht allzu verwunderlich. Schließlich kommt es nicht oft vor, daß man so kurz vor dem Ende noch eine letzte Chance erhält.

Zum Schluß mußten wir das Schwein mit einem Stock rausjagen. Zuerst stakste es steifbeinig über den Hof, und sein Schwanz hing ihm wie eine traurige Schnur zwischen den Hinterschenkeln herab. Dann begann es plötzlich zu grunzen. Der Schwanz flog in die Höhe und ringelte sich, und wie ein bleicher Geist verschwand ein glückliches Schwein in die Nacht hinaus.

Wir schworen, daß wir nie mehr Schweinefleisch essen wollten.

# *Fräulein Svenssons Unterhose*

Schönschrift...

Ich tauchte die Stahlfeder ein Stück in das Fläschchen. Es war viereckig, und auf dem Etikett stand *Tinte.* Dann streifte ich ein wenig von der Tinte am Flaschenrand ab. Wenn zuviel Tinte an der Feder war, entstanden blaue Kleckse in meinem Schreibheft.

Vor mir auf der Bank lag ein Gedicht, das ich abschreiben sollte. Ich schrieb, so schön ich konnte: *Dröhnet wie Donner, o Brüder.*

Ich hatte keine blasse Ahnung, was das bedeutete. Das einzige, worauf es ankam, war, daß es schön wurde. Meine Zungenspitze kroch zwischen den Lippen hervor und folgte jedem Schnörkel, den ich mit der Feder ausführte.

Die Stahlfeder war spitz und kratzig. Sie blieb am Papier hängen und spritzte. Hundert kleine Tintentropfen tanzten auf die Heftseite herab. Vorsichtig berührte ich einen davon mit dem Finger, worauf sich der Tropfen in einen hellblauen Klecks verwandelte.

Da kam die Befreiung! Die Schulglocke läutete. Frühstückspause. Ich dachte an die weißen Flecken auf meiner Salami und vergaß die Tintenflecken auf meiner Heftseite.

Aber Fräulein Svensson hatte es nicht eilig. »So, jetzt wird gelöscht«, sagte sie.

Wir nahmen unsere Löschpapiere und preßten sie vorsichtig auf die blaue Schrift. Alles mußte trocken sein, bevor man sein Schreibheft zuklappen durfte.

Dann kam die Feder an die Reihe. Die mußte man sorgfältig mit einem kleinen Tüchlein abreiben.

Endlich gab's Essen! Ich war die erste, die draußen im Schulkorridor auf der langen Bank saß. Dort pflegten wir alle in der Mittagspause mit unseren Brotbeuteln zu sitzen.

Im Korridor roch es nicht gerade angenehm. Es stank nach Skistiefeln, die mit Schweinefett eingerieben worden waren, damit sie wasserdicht wurden. Und unsere Mäntel und Jacken rochen ebenfalls, viele von uns hielten sich nämlich meistens im Pferde- oder Kuhstall auf. Doch was machte das schon? Wir waren den Geruch gewohnt.

Ich holte drei belegte Brote heraus. Der Käse war dünn geschnitten, leuchtete dafür aber herrlich gelb. Im Beutel lagen auch ein großer roter Apfel und ein Fläschchen Milch. Die Flasche hatte einen Porzellanstöpsel, der mit einer Stahlklammer befestigt war. Glücklich lehnte ich mich an die Wand und biß in mein Brot.

Britta war wie immer als erste fertig. Während sie aß, hatte sie sich hinter den Mänteln versteckt. Wir wußten trotzdem, daß sie bloß ein Stück Brot in ihrem Beutel hatte und nur selten auch mal ein Stückchen Speck dazu.

Anfangs hatten wir noch versucht, ihr etwas abzugeben. Doch da war sie wütend geworden. Sie schien sich zu schämen, und dabei konnte sie doch gar nichts dafür, daß sie arm war.

Rasch schlürfte sie einen Schluck Wasser aus dem Wasserhahn über dem Waschbecken.

Dann schnürte sie ihre Skistiefel zu und rollte die Socken ordentlich über den Schaft runter. Sie hatte keine Lust, sitzenzubleiben und zuzuschauen, wie wir anderen futterten.

Statt dessen lief sie hinaus auf den Hof. Wir wußten, daß sie heute gut aufgelegt war. Nach der Mittagspause hatten wir nämlich Handarbeit, und Britta war die einzige, die von Fräulein Svensson in Handarbeit gelobt wurde.

Keine von uns konnte so geschickt Strümpfe stopfen wie Britta. Wir wunderten uns immer wieder darüber, ihre Hände waren nämlich voller rauher Warzen.

Noch bevor wir fertig gegessen hatten, schrie Britta zur Tür herein: »Beeilt euch! Es schneit!«

Im Nu waren wir draußen. Der erste Schnee in diesem Winter! Noch reichte es nicht für eine Schneeballschlacht. Aber wenn man tüchtig scharrte, bekam man eine Handvoll zusammen, und die konnte man dann jemandem, den man besonders gern hatte, hinten in den Kragen stopfen.

Ich stopfte so viel Schnee wie möglich in Lasses Kragen. Er fuhr herum und rieb mir das Gesicht mit Schnee ein. Das brannte zwar, aber ich hielt trotzdem still. Bis ans Ende der Zeit hätte ich so stehenbleiben können, aber so lang sind Mittagspausen leider nicht.

Der Klang der Schulglocke weckte mich. Die Glocke war auf der Veranda aufgehängt, und die Großen aus der sechsten Klasse durften sie abwechselnd läuten.

Wer die Glocke läutete, hatte gleichzeitig auch die Pausenaufsicht. Diesmal war es die schöne Gun. Wir stellten uns in geraden, schweigenden Reihen unterhalb der Treppe auf. Dann marschierten wir Klasse für Klasse ins Schulhaus. Jeder, der schwatzte, wurde von der Pausenaufsicht unsanft an den Haaren gezogen. Ich wußte genau, wie sehr das weh tun konnte.

Wenn Handarbeit auf dem Stundenplan stand, stellten sich nur die Mädchen unterhalb der Treppe auf. Ich hielt vorsichtig nach Lasse Ausschau, aber die Jungen waren bereits zum Dachboden hinauf verschwunden, wo sich ihr Werkraum mit den großen Hobelbänken befand. Dort oben roch es so herrlich nach trockenem Holz. An der Wand hingen Sägen, Hämmer und scharfe Stemmeisen.

Ich hätte viel lieber am Werkunterricht teilgenommen. Aber Mädchen mußten eben nähen und Jungen schreinern. Wenn ich der Lehrerin gesagt hätte, daß ich lieber schreinern wollte, hätte sie mich für verrückt gehalten.

»Beweg dich und hör auf zu träumen!« Ich spürte einen Stoß in den Rücken und stolperte vorwärts.

Bald saßen wir alle ordentlich und still in unseren Bänken. Der Schnee war geschmolzen und tropfte mir von den Haaren auf den Handarbeitsbeutel herab, den ich gerade nähen mußte. Der Beutel bekam nasse Flecken, und die Nadel bewegte sich schwerfällig durch den nassen Stoff.

Draußen vor dem Fenster war die Luft weiß von Schnee. Vielleicht konnten wir heute abend ein Schneehaus bauen? Für Lasse wäre das eine Kleinigkeit. Oder vielleicht eine Schneelaterne mit einer Kerze darin?

Die Gedanken flogen hin und her. Die Stiche auf dem roten Stoff wurden schief und krumm. Plötzlich stand Fräulein Svensson vor mir.

»Unmöglich!« sagte sie streng. »Das mußt du noch einmal nähen.« Sie steckte eine Stecknadel durch den Stoff. »Bis hierher mußt du es auftrennen.«

Hilfe! Vor Angst mußte ich aufs Klo. Ich hatte vergessen, in der Mittagspause zu gehen.

Unruhig rutschte ich in der Bank hin und her. Aber ich wagte nicht zu fragen, ob ich raus dürfe. Ich stocherte in den hartnäckigen Stichen herum und schielte neidisch zu Britta rüber, die ihren Beutel schon fertig genäht hatte. Jetzt durfte sie Handschuhe stricken und hatte angefangen, Wolle zu wickeln.

Vorne am Fenster saß Gun und trat die Nähmaschine. Die machte einen Höllenlärm. Ab und zu trat Gun verkehrt, dann lief die Maschine rückwärts, und dabei verhedderten sich die Stiche, so daß sie das Genähte wieder auftrennen mußte.

Plötzlich schwieg die Nähmaschine. Fräulein Svensson war aus dem Handarbeitssaal gegangen. Sie wohnte im Schulgebäude, und nachmittags um drei verschwand sie regelmäßig kurz in ihre Wohnung. Wir hatten ausspioniert, daß sie dann jedesmal einen Topf mit Kartoffeln auf den Herd stellte und sich anschließend ein Täßchen lauwarmen Kaffee genehmigte.

Fräulein Svensson blieb meistens nicht länger als fünf Minuten weg. Aber das waren fünf Minuten, die wir weidlich ausnützten! Wir schwatzten und kicherten und jagten uns gegenseitig um die Bänke herum. Oft blieben wir auch still sitzen und schrieben uns gegenseitig mit der Nähnadel geheime Wörter und Nachrichten auf den Nacken. Das kitzelte immer so schön, und es war gar nicht einfach zu erraten, was die Nadel schrieb.

Heute kamen wir gar nicht erst dazu, mit dem Schreiben anzufangen. Kaum war die Tür hinter Fräulein Svensson zugefallen, als Gun zum Pult vorlief und einen Schlüssel hochhielt.

»Jetzt«, flüsterte sie, »werdet ihr einen Toten zu sehen bekommen!«

Alle verstummten jäh. Es wurde so still, als würde der Tote bereits im Raum stehen. Und das tat er auch.

Ganz hinten im Raum standen zwei große Schränke. Im einen lagen Papier, Hefte und Bleistifte, die wir bei Fräulein Svensson kaufen durften, wenn wir etwas Neues brauchten. Der zweite Schrank war Fräulein Svenssons Geheimnis. Wir hatten ihn noch nie offen gesehen.

Aber jetzt...

Gun steckte den großen Schlüssel ins Schrankschloß. Die Tür glitt auf. Und aus der Dunkelheit grinste uns ein weißes Skelett entgegen!

Zwei Mädchen schrien auf. Eine lachte. Und ich – ich machte in die Hose!

Am liebsten hätte ich mich auf den Boden gelegt und wäre sofort gestorben. Aber so leicht stirbt man nicht. Noch steifer als das Skelett saß ich in meiner Bank und sah, wie sich um meine Füße herum eine Pfütze bildete.

Ich konnte mich noch gut daran erinnern, wie es gewesen war, als Britta einmal in die Hose gemacht hatte. Damals hatte Fräulein Svensson eine von ihren eigenen Unterhosen geholt. Und die hatte Britta dann anziehen müssen. Womöglich würde sie das auch mit mir machen!

Nein, nie im Leben würde ich Fräulein Svenssons Unterhose anziehen. Ich mußte schleunigst fort!

Ich rannte los... Im Flur riß ich meine Jacke und Mütze an mich. Um die Skistiefel rauszusuchen, fehlte mir die Zeit. Hinter mir hörte ich Fräulein Svensson rufen. Sie hatte mich von ihrem Fenster aus gesehen. Da rannte ich noch schneller. Ich mußte ihrer Unterhose entkommen!

Meine Füße rutschten aus und glitten hin und her. Es ist schwierig, in Wollsocken durch den Schnee zu rennen.

Endlich kam ich auf die Straße hinaus. Die Stimmen hinter mir erstarben. Statt dessen hörte ich die Glöckchen eines Schlittens. Der Schlitten kam mit großen Mehlsäcken von der Mühle.

Ich versteckte mich hinter einem Busch, bis der Schlitten beinahe vorbeigefahren war. Dann stürzte ich vor, um mich hinten anzuhängen. Mit nasser Unterhose und in Strümpfen – da war mir der Heimweg einfach zu weit.

Der Bauer in seiner warmen Pelzweste saß auf dem Kutschbock und döste vor sich hin. Die schwarze Schaffellmütze hatte er sich tief über die Ohren gezogen. Er merkte nichts von dem, was passierte.

Sich hinten am Schlitten anzuhängen, das war ein Sport, den wir Kinder gut beherrschten. Es war natürlich verboten und machte daher besonders viel Spaß. Man mußte so schnell wie möglich hinter dem Schlitten herrennen. Dann sprang man auf eine Kufe und klammerte sich fest.

Meistens ging es gut. Nur wenn das Pferd einen plötzlichen Ruck machte, konnte die Sache übel ausgehen. Wie jetzt!

Meine Erinnerung endete mit sehr viel weißem Schnee.

Als ich zu mir kam, war auch alles weiß. Ein

weißes Skelett beugte sich über mich. Ich wußte, daß ich tot war, schrie aber trotzdem.

Da begann das Skelett zu sprechen und strich mir über die Stirn. Ich sah, daß es Mama war.

Eine Woche mußte ich still im Bett liegen. Die Skistiefel hatte Lasse nach Hause geschmuggelt. Und in dem einen steckte ein Brief! Darin stand, daß niemand wußte, daß ich in die Hose gemacht hatte.

Um die Stirn hatte ich einen weißen Verband. Solange ich diesen Verband trug, war niemand böse auf mich. Ich hoffte, daß ich ihn noch lange behalten durfte.

Eines Abends kam Fräulein Svensson mit einer Tüte Bonbons und einem Buch aus der Schulbücherei. Ich mußte unter der Bettdecke kichern. Wenigstens war mir ihre Unterhose erspart geblieben!

## *Ich mache Geschäfte*

Manchmal war Großvater traurig. Dann saß er still am Fenster und blickte in die Dämmerung hinaus. Seine Finger trommelten ganz sachte gegen die Armlehne des Stuhls.

Dann wußte ich, daß er Heimweh hatte nach früher. Aber früher war für immer vorbei, es lebte nur als Erinnerung unter seinem silberweißen Haar.

Vorsichtig kroch ich auf seinen Schoß und kuschelte mich an ihn. Dann holte ich das blaue Taschentuch hervor, das er immer in seiner Tasche hatte und mit dem man so gut Tränen abtrocknen konnte, sowohl bei mir als auch bei Großvater.

Großvaters Tränen mußte man unbedingt abtrocknen, sonst liefen sie in seinen Schnurrbart. Und dort blieben sie dann traurig hängen und sahen aus wie Regentropfen in welkem Gras.

»Erzähl«, bat ich und legte meinen Kopf an seine Schulter.

Und dann erzählte er von früher.

Großvater war nie ein Seemann gewesen, der sich mit Seeräubern und Meeresungeheuern herumgeschlagen hatte. Mörder und Diebe hatte er auch nie gefangen. Ein Streckenarbeiter, der in Nordschweden Eisenbahnschienen durch die Wildnis legt, war er auch nicht gewesen. Er hatte nie Wölfe und Bären gejagt. Und daher erzählte er auch nie von solchen Sachen.

Großvater war ein ganz gewöhnlicher Bauer gewesen, der einen kleinen Hof gehabt hatte. Seine Geschichten handelten manchmal von Trollen und Riesen. Aber meistens drehten sich die Erzählungen um das Pferd Der Graue. Er konnte mit dem Maul Knoten auflösen, und es gab keinen Zügel, mit dem Der Graue sich irgendwo hätte anbinden lassen.

Manchmal handelten Großvaters Geschichten auch von der Kuh Rosa. Sie gab so viel Milch, daß sie einen Preis bekommen hatte.

Aber wenn ihm die Tränen in den Schnurrbart liefen, dachte Großvater weder an den Grauen noch an Rosa. Nein, dann dachte er an Großmutter. »Sie schläft unter einem Goldregenbaum auf dem Friedhof«, sagte er.

Manchmal fragte ich mich, ob Großvater wohl Heimweh nach dem Friedhof hatte. Dann umarmte ich ihn ganz fest, und meistens wurde er dann wieder froh und lächelte und zwinkerte mir zu.

»Hol deine Schiefertafel«, sagte er heute und steckte sein Taschentuch wieder in die Tasche. »Jetzt spielen wir Schiffe versenken.«

Meine Schiefertafel war schwarz und hatte einen Rahmen aus Holz. Der Griffel, mit dem man schrieb, war dünner als ein Bleistift. An der Stelle, wo man ihn halten mußte, war er mit gemustertem Papier umwickelt.

Mit dem Griffel konnte man wie mit einem Bleistift schreiben. Auf der Schiefertafel entstanden dann weiße Striche. Zum Auswischen nahm man ein Tuch oder eine Hasenpfote, die mit einer Schnur an der Tafel festgebunden war.

Während ich Karos auf die Tafel zeichnete,

holte Großvater eine kleine Schachtel aus der Brusttasche seiner Weste. Sie war kleiner als eine Streichholzschachtel und ganz flach. Die Unterseite glänzte wie Gold, und der weiße Deckel war mit roten Blumen verziert, unter denen *Lady Twist, feinster Kautabak* stand.

Umständlich öffnete Großvater den Deckel und biß ein Stück von dem zähen braunen Tabak ab. Ich mußte jedesmal niesen, weil der Tabak so stark roch. Ein Glück, daß Großvater nicht Zigarren rauchte wie Papa. Da hätte sein Schnurrbart ja Feuer fangen können!

Heute abend sagte Großvater: »Hoppla, das hier ist ja fast das letzte Stück. Jetzt hab ich nur noch eine Portion übrig. Wenn du schnell rüberläufst und mir eine neue Schachtel kaufst, kriegst du drei Öre für einen Griffel.«

Der Kiosk war offen, also bekam Großvater seinen Lady Twist. Aber der Schieß- und Schreibwarenladen, wo man Griffel kaufen konnte, hatte schon zu. Ich drehte meine Örestücke hin und her und preßte die Nase ans Fenster. Drin im Laden ging Knall-Karlsson hin und her und hantierte mit seinen Waren. Ich sah deutlich, daß er Karten mit Weihnachtsbäumen und silberglitzernden Sternen einordnete.

Bald war Weihnachten, und ich hatte kein Geld für Weihnachtsgeschenke. Meine Hula-Hulaschachtel war leer und mußte dringend aufgefüllt werden. Aber wie?

Grübelnd blieb ich stehen und beobachtete, wie Karlsson die Glitzerkarten in kleine ordentliche Haufen schichtete.

Plötzlich kam mir eine Idee!

Während ich mit Großvater Schiffe versenken spielte, mußte ich die ganze Zeit daran denken, und daher verlor ich jedesmal. Das Geld, das ich für den Griffel bekommen hatte, brauchte ich als Startkapital. Doch das war viel zu wenig.

Von irgend jemandem mußte ich mir Geld leihen. Von wem? Schließlich war die ganze Sache ja geheim. Vorsichtig fragte ich Großvater.

»Zwei Kronen?« sagte er. »Das ist ganz schön viel Geld.«

Aber er holte seinen Geldbeutel heraus und gab mir den Betrag. »Ich vertrau dir«, sagte er und blickte mir in die Augen.

Am nächsten Tag nach der Schule stürmte ich als allererste durch das Tor, geradewegs zum Schieß- und Schreibwarenladen.

Als die Glocke an der Tür klingelte, tauchte

Knall-Karlsson auf. Er war fast immer damit beschäftigt, die Spielsachen in seinen Regalen hin und her zu schieben. Aber wenn wir Kinder es wagten, irgendwas anzufassen, explodierte er sofort.

Ich war jedoch nicht gekommen, um Feuerwehrautos und Puppen anzufassen. Nein, nicht einmal den grünroten Metallbaukasten berührte ich, und dabei wünschte ich mir diesen Metallbaukasten zu Weihnachten!

Ich ging direkt zu den Weihnachtskarten, die er auf dem Ladentisch aufgereiht hatte, und wählte die zwanzig schönsten aus. Sie glitzerten geradezu märchenhaft. Fünf Öre pro Stück! Ich fand, daß sie viel teurer aussahen.

Dann kaufte ich noch vier Papierfriese mit Weihnachtsmännern, die um einen Weihnachtsbaum tanzten. Das Stück für dreißig Öre. Knall-Karlsson sah mich irgendwie komisch an. Wahrscheinlich war er es nicht gewohnt, daß jemand vier gleiche Papierfriese kaufte.

Ich warf meine Münzen klappernd auf den Ladentisch. Er schwieg und zählte sie mit flinken Fingern. Mein Herz klopfte, als ich aus dem Laden kam. Jetzt würde ich das große Geschäft machen!

Im ersten Haus war niemand daheim. Im zweiten Haus wollten sie nichts kaufen.

Im dritten Haus aßen die Kinder gerade Sirupbrote. Ich rannte um mein Leben, damit sie nur ja meine Karten nicht anfaßten.

Im vierten Haus öffnete eine Frau, die ein gewisses Interesse zeigte. Sie kaufte mir vier Karten für acht Öre das Stück ab.

Im fünften Haus wohnte der Schneider. Ich hörte ihn bis auf die Straße hinaus. Wenn er nicht sang und nähte, spielte er nämlich Ziehharmonika. Die Leute behaupteten, das mache er nur, weil er es nicht aushalte, seiner Frau zuzuhören. Die redete nämlich pausenlos, von morgens bis abends.

Gleich nachdem ich angeklopft hatte, machte mir die Alte die Tür auf. Ich breitete meine Waren auf dem Schneidertisch aus. Einen Papierfries und drei Karten wollte sie kaufen.

Recht vielversprechend, dachte ich und erhöhte den Preis. »Für die Karten will ich zehn Öre, für den Papierfries fünfundsechzig«, sagte ich.

Doch da wurde die Frau des Schneiders böse. Sie wußte, was die Karten im Schieß- und Schreibwarenladen kosteten. Jetzt schrie sie, ich wolle sie betrügen. Das werde sie meiner Mutter sagen, jawohl, das werde sie. Ich flitzte davon. Meine Eltern waren heute abend eingeladen. Rasch versteckte ich mein Warenlager oben auf dem Dachboden unter der Wolldecke.

Als ich am nächsten Tag von der Schule nach Hause kam, hatte die Alte gepetzt. Aber das Warenlager auf dem Dachboden blieb mein Geheimnis. So eine Enttäuschung! Wie sollte ich jetzt Großvater das Geld zurückzahlen?

Doch das Warenlager auf dem Dachboden blieb nicht sehr lange geheim. Denn wie schon so oft, wurde die Wirklichkeit besser, als man es sich hatte vorstellen können. Aber das kam später. Vorher mußte noch allerlei passieren.

## *Weihnachtsglanz und Feuerwerk*

Ich blieb auf der Treppe stehen. So große Schneeflocken hatte ich bisher noch nie gesehen. Bestimmt sitzen die Engel dort oben und zupfen Wattebäuschchen, dachte ich und sah zum Himmel hinauf.

Dann begann ich rumzuhüpfen und versuchte, die Schneeflocken mit der Zunge aufzufangen. Aber obwohl die Flocken groß wie Schmetterlingsflügel waren, war es gar nicht so einfach, sie zu schnappen.

Heute war der Schaufenstersonntag vor Weihnachten. Eigentlich hatte ich gar keine

Zeit, mich für etwas so Alltägliches wie Schnee zu interessieren. Aber Mama ließ auf sich warten. Hauptsache, sie kam bis um sechs Uhr. Dann machte der Kaufmann nämlich den Weihnachtsbaum an, und alles begann.

Ungeduldig spähte ich die Treppe hinauf. Papa und Großvater hätten auch dabeisein sollen. Aber beinahe immer, wenn etwas Besonderes bevorstand, bekam irgendein Pferd oder eine Kuh Bauchweh. Auch heute war Papa zu einem Krankenbesuch gerufen worden. Großvater begleitete ihn.

Gustav hatte heute schulfrei und hätte daher mitkommen können. Aber auf der Straße war es so glatt, daß er nur schwer mit seinen Krücken laufen konnte. Wir wollten ihn auf dem Tretschlitten schieben, doch da schnaubte Gustav bloß verächtlich und sagte, die Weihnachtsdekoration sei ihm schnuppe. Er wolle lieber lesen.

Wir wußten, daß er log. Natürlich schämte er sich, auf einem Tretschlitten herumgeschoben zu werden wie ein kleines Kind. Aber darüber konnte man nicht mit ihm reden.

Jetzt endlich kam Mama. Im selben Augenblick schlug es sechs, und der Kaufmann schaltete die elektrische Beleuchtung ein. Der Weihnachtsbaum erstrahlte in blendendem Licht. Er war wunderschön.

Aber wir hatten nicht allzuviel Zeit, um vor ihm stehenzubleiben und ihn anzusehen. Ich rannte davon wie ein ausgelassenes kleines Pferd. In der Straße leuchteten sieben Schaufenster voller Herrlichkeiten, die ich alle vor acht Uhr anschauen mußte. Punkt acht wurden nämlich alle Lichter ausgemacht. Da Krieg war, mußte es nachts überall ganz dunkel sein. Sonst könnten uns die Flieger von oben aus der Luft sehen, wenn sie in ihren Flugzeugen angeflogen kämen, um Bomben abzuwerfen.

Daheim zogen wir Rollos aus schwarzem Stoff vor den Fenstern herunter. Kein einziger Lichtstreifen durfte nach außen dringen. Inzwischen waren wir so an dunkle Fenster gewöhnt, daß die fröhlichen, hellen Schaufenster jetzt überwältigend festlich wirkten.

Mama blieb lange vor dem Wolladen stehen. Dort hingen Reihen von Pullis auf Kleiderbügeln, und die Bügel hatten Pappköpfe, die mit wilden Augen zu uns herausstarrten. Ich schauderte. Würde es dieses Jahr nur weiche Pakete geben? Ich wünschte mir aber harte.

»Beeil dich, komm!« Ich zog Mama am Ärmel.

Aber sie mußte unbedingt die neuen Kochtöpfe im Eisenwarenladen bewundern. Es war mir unbegreiflich, warum. Sie klagte doch dauernd darüber, daß es so schwierig sei, die Töpfe zu füllen, die sie bereits hatte.

Am Fahrradgeschäft gingen wir rasch vorbei. Dort waren Ski ausgestellt. Ich besaß ein Paar Ski, die waren zwar ziemlich kurz und auch recht abgefahren, aber viele meiner Mitschüler hatten überhaupt keine.

Das schönste Fenster war das des Bäckers. Ich rannte allein voraus. In der Mitte des Schaufensters stand eine hohe Torte, die wie ein Schloß aussah. Zwischen den zierlichen Säulen hatte der Bäcker rotes Seidenpapier gespannt, das von innen von einer Taschenlampe angestrahlt wurde. Oben in der Spitze steckten drei schwedische Fähnchen. Fünf kleine Weihnachtsmänner zogen einen Schlitten, auf dem ein rosa Marzipanschwein saß. Der Schnee war aus Watte. Auf der Watte lagen schwarze Pünktchen. Mäusedreck! Wie jedes Jahr.

Hinter dem Bäckerladen lag die Konditorei. Jedesmal, wenn die Tür aufging, atmete ich tief ein. Bald würde ich dort drin stehen und selbst etwas Leckeres aussuchen. Am Abend des Schaufenstersonntags gingen wir nämlich immer in die Konditorei. Voller Vorfreude liefen mir kalte Schauer über den Rücken. Sollte ich einen Kuchen mit grasgrüner Marmelade nehmen? Oder ein Mokkabaiser mit dunkelbrauner Buttercreme? Das Wasser lief mir im Mund zusammen.

Jetzt weckte Mama mich aus meinen Träumen, indem sie mich ungeduldig an der Mütze zog. Noch war die Konditorei nicht an der Reihe. Der Schieß- und Schreibwarenladen lag noch vor uns.

Dort herrschte ein solches Gedränge, daß man zwischen Mänteln und Hosenbeinen durchkriechen mußte, um ans Fenster heranzukommen. Dieses Jahr schienen noch mehr Leute da zu sein als sonst. Da mußte Knall-Karlsson sich etwas Neues ausgedacht haben.

Und das hatte er auch. Im Fenster schnaufte eine Dampfmaschine vor sich hin. Hinter der Dampfmaschine stand Knall-Karlsson selbst mit einer Weihnachtsmann-Maske. Aber die Dampfmaschine war nicht das einzige Wunderwerk. Sie trieb nämlich ein Karussell an, auf dem lauter Weihnachtsmänner im Kreis herumfuhren!

Mindestens zwanzig Kinder drückten sich an der Fensterscheibe die Nasen platt. Wie das wohl von Karlssons Seite her aussehen mochte?

Doch Karlsson dachte ausschließlich an das, was sich im Schaufenster befand. Er legte sich auf den Bauch und schob das Karussell an, das sich verklemmt hatte. Direkt neben ihm stand eine Flasche Spiritus, der Treibstoff für die Dampfmaschine.

Wir blieben so lange dort stehen, bis Mama kalte Füße bekam. Sie hatte Galoschen über den Schuhen an, die waren aus Gummi und wärmten kaum, obwohl sie mit echtem Kaninchenfell besetzt waren. Jetzt wollte sie Kaffee trinken.

In der Ladentheke des Bäckers standen nicht nur Torten und Kuchen, dort gab es auch kleine Laternen aus gespritztem Zucker, in denen ein Zuckervogel saß und die man an den Weihnachtsbaum hängen konnte, und außerdem noch schwarzweiße gekräuselte Beerdigungsbonbons, die mit Engeln verziert waren.

Ich brauchte lange, um mich zu entscheiden. Schließlich fiel meine Wahl auf einen Kuchen mit hellgelber Buttercreme und Himbeermarmelade, auf dessen Spitze ein winziger Weihnachtsmann thronte.

Die Tische waren klein und wacklig. Mein Kakao schwappte über, aber ich kippte vorsichtig jeden einzelnen Tropfen zurück. Dann leckte ich den Teller ab.

Andächtig berührte ich den Kuchen mit dem Löffel und genehmigte mir eine Kostprobe. Dann verschwand der Rest im Nu. Mama aß keinen Kuchen. Sie konnte sich daran erinnern, wie die Kuchen vor dem Krieg geschmeckt hatten, als man noch mit echter Butter gebacken hatte.

Gleich neben uns saß Janne Schlaukopf. Obwohl er allein war, hatte er für zwei bestellt und unterhielt sich angeregt mit jemandem, den wir nicht sehen konnten. Die beiden schienen sich gut zu verstehen. Janne lachte. Als ich gerade die Ohren spitzte, um besser hören zu können, was er sagte, entstand draußen auf der Straße ein Heidenlärm.

»Es brennt!«

»Hilfe, es brennt!«

Wir glaubten, daß es in der Bäckerei brannte, daher stürzten alle sofort ins Freie. Janne

Schlaukopf blieb als einziger zurück. Er ging von Tisch zu Tisch und futterte alles auf, was die anderen auf ihren Tellern liegengelassen hatten.

Wie immer war Janne ein Schlaukopf. Es brannte nämlich gar nicht in der Bäckerei. Es brannte im Schieß- und Schreibwarenladen. Nachdem Knall-Karlsson das Karussell repariert hatte, hatte er aus Versehen die Spiritusflasche umgestoßen. Und damit war's passiert.

Es knallte und prasselte. Das Lager bestand zum größten Teil aus Munition und Schießpulver. Nach ein paar Stunden gab es keinen Schieß- und Schreibwarenladen mehr.

Als ich am nächsten Tag von der Schule nach Hause kam, machte ich eine traurige Runde durch die Überreste. Verbogene Puppen. Rußige Spielzeugautos ohne Räder. Und da! Da lag ein schwarz verbranntes Auto aus einem Metallbaukasten.

Ich stocherte mit der Stiefelspitze in dem schwarzen Matsch. Ganz unten lag ein halbverkohlter Haufen Weihnachtskarten.

Was pflegte Großvater immer zu sagen, wenn etwas schiefgegangen war? »Aus der Asche steigt eine Königin auf.«

Er hatte beinahe recht. Aus der Asche stieg

zwar keine Königin auf, aber dafür eine goldene Idee.

Mir ging auf, daß es keine Weihnachtskarten und Weihnachtspapierfriese mehr zu kaufen gab! Im Schieß- und Schreibwarenladen gab es keine mehr. Aber...

Rasch lief ich nach Hause und auf den Dachboden hinauf. Und fünf Minuten später war mein Warenlager verkauft. An Mama. Ich hatte den Preis nur ein klein wenig erhöht.

Großvater bekam alles zurück, was er mir geliehen hatte. Und trotzdem blieb noch etwas Geld übrig, das ich in die Hula-Hulaschachtel legen konnte.

## *Wie ich eine Heilige wurde*

»O du frööööhliche, o du seeeelige, gnadenbringende Weiiihnachtszeit«, sang Fräulein Svensson und blickte zur Decke hinauf.

Das machte sie meistens, wenn sie sang. Eine Wolke aus kleinen Spucketropfen flog dann über die Orgel und regnete auf Lasses Bank herab. Wie immer wischte er sie sorgfältig mit seinem Pulliärmel weg.

»O du fröööööhliche, o du seeelige, gnadenbringende Weihnachtszeit...«

Wir versuchten so gut es ging mitzusingen. Im Gemeindehaus sollte ein vorweihnachtliches

Lucia-Fest* stattfinden. Das Geld, das wir dabei einnahmen, würden wir den Kindern in Finnland schicken. In Finnland fehlte es wegen des Krieges an Essen und Kleidern. Wir wußten, daß viele Kinder dort kein Weihnachten feiern würden.

Der Pfarrer hatte Fräulein Svensson gebeten, ein Programm zu gestalten. Und dieses Programm waren wir. Natürlich würde es einen Lucia-Umzug geben und eine Aufführung, in der wir Lieder sangen und um die Krippe des Jesuskindes standen und Gedichte aufsagten.

Gun war die Lucia, das war selbstverständlich. Ein paar Mädchen mit lockigen Haaren durften Luciajungfern sein.

Ich sollte Maria spielen, die Mutter des Jesuskindes. Als ich vorschlug, daß Lasse das Jesuskind spielen könnte, weil er doch so klein sei und sowieso nicht singen könne, hielten das weder Lasse noch Fräulein Svensson für eine gute Idee. Lasse durfte den Josef spielen. Das Jesuskind mußte nur still daliegen und schweigen, und das konnte eine Puppe übernehmen, die wir in ein

* Lichtfest in Schweden am 13. Dezember. Im langen weißen Gewand und mit einer Lichterkrone auf dem Kopf stellt jeweils ein Mädchen die Lichterkönigin Lucia dar.

Handtuch wickelten, damit sie wie ein Wickelkind aussah.

Lasse und ich brauchten nicht zu singen. Wir mußten nur Gedichte aufsagen. Mein Gedicht handelte von dem Kinde, das ich im Arm wiegte, und war sehr kurz.

Lasses Gedicht war länger. Es schilderte unsere lange Wanderung von Nazareth nach Bethlehem. Lasse sagte es sehr eindrucksvoll auf. Und wenn er an die Stelle kam, wo sich alle weigerten, uns hereinzulassen, klang er richtig wütend. Das Gedicht stand auf einem Zettel.

Nachdem Fräulein Svensson mit uns geprobt hatte, ließ sie uns Weihnachtsschmuck basteln. Den sollten wir in unseren schönen Kostümen nach der Vorstellung im Saal verkaufen.

Wir schnitten Fransen in raschelndes Seidenpapier und wickelten Sahnebonbons darin ein, die Fräulein Svensson gekocht hatte. Wenn man es geschickt anstellte, konnte man rasch ein Stück abbeißen, bevor man den Bonbon einwickelte. Außen klebten wir Albumbildchen mit Weihnachtsmännern drauf.

Aus rotem und grünem Kreppapier machten wir Blumen mit Stielen aus Draht. Die konnte man in Vasen voller Kiefernzweige stecken.

Das Basteln machte uns Spaß, und den Kindern in Finnland wollten wir auch gern helfen. Nur Lasse nicht, Lasse hatte keine Zeit. Er hatte nämlich endlich gefunden, wonach er den ganzen Herbst gesucht hatte: eine Maus, die so klug war, daß man sie zähmen konnte!

Er hatte sie im Lager des Kaufmanns gefangen, mußte sie aber streng geheimhalten. Daher trug er sie stets in der Hosentasche mit sich herum. Jetzt behauptete er, das Geraschel des Buntpapiers mache seine Maus nervös. Innerhalb einer Stunde mußte er dreimal rausgehen. Beim viertenmal glaubte Fräulein Svensson, daß er Bauchweh hätte. Es sei wohl besser, wenn er nach Hause gehe und sich ausruhe, damit er bis zum Fest wieder gesund sei.

Die Schachtel, in der die Maus wohnte, war aus Blech. In den Deckel hatte Lasse vier Luftlöcher gebohrt, damit die Maus atmen konnte. Lasse steckte ihr immer wieder kleine Käsestückchen zu, die er daheim aus der Speisekammer stibitzt hatte. »Käse macht gescheit«, behauptete er.

Endlich kam der Luciatag, der dreizehnte Dezember, der Tag der Feier. Eine Stunde vor der Aufführung probten wir ein letztes Mal.

Die Krippe mit dem Jesuskind stand auf der Bühne. Fräulein Svensson rannte mit roten Flecken auf ihrem mageren Hals hin und her und zeigte uns, wo wir sitzen sollten.

Ich hatte eine lila Tischdecke als Mantel umgehängt. Auf meinem Kopf befestigte Fräulein Svensson einen Heiligenschein aus Goldpapier. Der Heiligenschein bedeute, daß ich eine Heilige sei, erklärte sie. Aber damit meinte sie natürlich Maria.

Ich sah mich im Spiegel an und bekam ganz heiße Wangen. Nie hätte ich es für möglich gehalten, daß ich so schön aussehen konnte! Schüchtern schritt ich auf Lasse zu. Er stand neben der Krippe, hatte enganliegende Hosen an und ein hellgraues Schaffell, das ihm über den Rücken hing.

Aber Lasse sah nicht, wie schön ich war. Er wand sich nur unruhig hin und her und zerrte an seinen Hosen. »Die Schachtel ist viel zu groß, paßt nicht in die Hosentasche. Und wenn ich die Maus daheim lasse, wirft meine Mutter sie raus.«

Er schraubte und drehte sich unter seinem Schaffell, während er so schnell wie möglich durch sein Gedicht stolperte. Fräulein Svensson machte ein ängstliches Gesicht. Hatte er etwa immer noch Bauchweh? Jetzt durfte doch nichts mehr passieren! Inzwischen war es viel zu spät, um einen anderen Josef aufzutreiben.

Ich war die einzige, die von der Maus wußte. Ich sah, wie die Schachtel aus Lasses Tasche herausschaute.

Plötzlich hatte ich eine Idee. Während der Lucia-Umzug langsam durch den Saal schritt, lief ich schnell nach Hause. Den Mantel und den Heiligenschein verstaute ich sorgfältig in einem Papierkorb.

Fräulein Svensson saß fest verankert auf dem Klavierstuhl und hatte nur Augen für Gun.

Daheim im Kleiderschrank bewahrte Mama eine Seife aus der Vorkriegszeit auf. Die Seife duftete nach Lavendel und lag in einer mit Blumen verzierten Holzschachtel. Mama hob sich die Seife auf für den Fall, daß sie krank würde und ins Krankenhaus müßte. Die Schachtel hatte genau die richtige Größe für Lasses Hosentasche.

Acht Minuten brauchte ich, um sie zu holen. Gun hatte beinahe fertig gesungen, als ich zurückkam. Rasch ließen wir die Maus in die neue Schachtel umziehen. Die alte versteckten wir im

Stroh unterm Jesuskind. Wir wurden gerade rechtzeitig fertig.

»So, und jetzt dürft ihr euch noch kurz ausruhen«, sagte Fräulein Svensson.

Diese Pause konnten Lasse und ich brauchen. Verschwitzt und zerzaust setzte ich mich hin und verschnaufte. Ich hatte ganz vergessen, daß ich schön sein mußte. Es war schwierig, den Mantel wieder richtig zuzubinden, und der Heiligenschein rutschte mir immer wieder übers linke Ohr.

Aber Lasse lächelte mich dennoch selig an. Ich war glücklich und schneuzte mich in einen Zipfel meines Mantels. Erwartungsvoll hörten wir, wie der Saal sich füllte. Bestimmt kamen sehr viele Zuschauer!

Gun lief aufgeregt hin und her. Ihre Augen leuchteten. Der Junge aus Johanssons Laden war da. Sie hatte durch den Vorhang gelinst.

Jetzt ging das Licht aus. Fräulein Svensson kam angestürzt und plazierte Lasse und mich an der Krippe.

»Santa Lucia, klarleuchtendes Bild,
erhell unsre Winternacht
mit deinem Lichte so mild…«

Es war wunderschön! Mir kamen fast die Tränen. Bald war Weihnachten. Und hier saß ich und war eine Heilige, und Lasse saß gleich neben mir. Das war mindestens so schön wie das Essen am Jahrmarktstag, wenn Mama Pariser Brote machte.

Lasse saß still und feierlich da. Die Mäuseschachtel in seiner Hosentasche schabte nicht mehr. Der Gesang wurde lauter, und der Lichterschein, der von Lucia und ihren Jungfern ausging, kam immer näher. Jetzt standen sie mitten auf der Bühne. Gun strahlte und sang.

Ich vergaß fast, daß ich gleich mein Gedicht aufsagen mußte. Aber plötzlich bekam ich Herzklopfen, und mein Mund wurde ganz trokken. Und dabei brauchte ich doch gar nicht nervös zu werden. Ich hatte mir die Anfangszeile in die Handfläche geschrieben.

Also, wie war doch gleich der Anfang? Ich schaute verstohlen in meine Handfläche, aber dort waren nur ein paar verschwitzte Bleistiftspuren zu sehen. Nicht einen einzigen Buchstaben konnte ich entziffern!

Ich sandte Lasse ein wortloses Notsignal. Lasse flüsterte mir zu: »Ich muß doch anfangen!«

Jetzt ging die Lampe über der Krippe an, und Lasse sagte mit fester Stimme auf: »Über Berg und Tal wir gewandert sind...«

Da sah ich die Maus. Neugierig streckte sie den Kopf aus Lasses Hosentasche. Ich konnte sie beinahe mit der Hand erreichen, aber nur beinahe. Der Knoten, der meinen Mantel zusammenhielt, war aufgegangen. Ich stolperte und flog geradewegs in die Krippe hinein. Die Krippe kippte um, und das Jesuskind segelte im hohen Bogen in den Saal hinaus.

Lasse verlor völlig den Faden. Er hatte ja keine Ahnung, warum ich im Stroh herumkrabbelte.

»Mensch, steck die Maus weg!« zischte ich.

Aber zu spät!

Die Maus war bereits in die Freiheit entwischt. Lasse und ich konnten sie zwar nirgends sehen, Gun sah sie dafür um so deutlicher. Die Maus rannte nämlich direkt über ihre Füße.

Gun stieß einen gellenden Schrei aus. Zuerst glaubte ich, das wäre Gesang, aber das war es nicht.

Die Feier geriet ein wenig aus den Fugen, aber selten war im Gemeindesaal so gelacht worden.

Alle bekamen plötzlich große Kauflust. Der

Kaffee und der Weihnachtsschmuck waren innerhalb kurzer Zeit ausverkauft. Wir hätten doppelt soviel verkaufen können.

Lasse war verschwunden, wahrscheinlich auf Mäusejagd. In meiner Jackentasche lag Mamas Seifenschachtel. Der Deckel war beinahe ganz weggenagt. Ich schmuggelte sie in den Schrank zurück und hoffte, daß Mama in alle Ewigkeit gesund bleiben würde.

## *Das Ungeheuer des Doktors*

Peggy war der liebste Hund der Welt – wenn sie daheim war. Aber unterwegs war sie nicht ganz so lieb. Die Leute nannten sie das Ungeheuer des Doktors, und das hatte seinen Grund.

Eines Morgens biß sie Lisa, der Tochter des Malermeisters, den Daumen ab und fraß ihn auf. Wir wußten, daß Lisa Peggys Fleischknochen weggenommen hatte, aber dennoch kam der Daumen Papa teuer zu stehen.

Ein andermal stürzte sie in einen Hühnerhof. Vier Hühner starben vor Schreck, und Papa mußte sie dem Bauern zum doppelten Preis abkaufen. In jener Woche gab es bei uns jeden Tag Huhn zum Mittagessen, und zwei Tage lang aßen wir Suppe von den Hühnerresten. Peggy bekam nichts. Hühnerknochen sind nämlich schädlich für Hunde.

Eines Morgens kam der Kaminkehrer rückwärts in unsere Küche. Er war stinkwütend und hatte keineswegs vor, bei uns den Kamin zu kehren. Mitten auf seinem schwarzen Hosenboden leuchtete ein rosa Fleck. Bisher hatte ich nie daran gedacht, daß Kaminkehrer unter all dem Schwarz rosa sind.

Peggy lag unterm Tisch und knurrte drohend. Jetzt begriffen wir, warum sie schwarze Fäden zwischen den Zähnen hatte.

Papa bekam einen ganz roten Kopf, und seine Augenbrauen wurden zu zwei geraden Strichen. »Ich weiß genau, daß du sie getreten hast!«

Aber der Kaminkehrer weigerte sich, die Küche zu verlassen, bevor er Geld für drei Paar neue Hosen bekommen hatte.

Peggy bekam einen Maulkorb, den sie von da an immer tragen mußte, wenn sie draußen unterwegs war.

Papa und Peggy liebten sich sehr. Als Peggy noch ein kleiner Welpe war, hatte Papa ihr das

Leben gerettet. Der Mann, dem Peggy damals gehörte, hatte Peggy halb totgetreten. Papa nahm sie mit nach Hause, schiente ihr das eine Bein, das gebrochen war, und nähte eine Wunde an ihrer Schnauze. Mama fütterte sie mit der Flasche, bis die Schnauze geheilt war.

Ja, kranke Tiere heilen, das konnte Papa wirklich. Aber Kinder und Hunde erziehen, das gelang ihm weniger gut, obwohl er es versuchte. Daher waren wir auch, wie wir waren.

Inzwischen stand Weihnachten unmittelbar vor der Tür, und Mama hatte alle Hände voll mit Vorbereitungen zu tun. Kaum war ich zu Hause, mußte ich helfen.

Wurststopfen, Kerzenziehen und Abstauben, das machte mir Spaß. Aber dem eingeweichten Stockfisch unten im Keller das Wasser zu wechseln, das fand ich eklig.

Am Anfang war der Stockfisch hart und platt wie ein Brett. Am Anna-Tag* wurde er eingeweicht und lag von da an im Wasser, um zu quellen. Jeden Abend mußte das Wasser gewechselt werden. Und ganz gleich, wie vorsichtig ich war, schwappte das Wasser jedesmal über, wenn ich

* Tag der Heiligen Anna, der Mutter Marias, am 9. Dezember

den Zuber ausleerte. Dann stanken meine Wollstrümpfe nach Lauge und fauligem Fisch.

Da zog ich Messerputzen entschieden vor. Man tauchte einen Korken in Wichtelmix und rieb dann das Messer mit dem weißen Pulver ab. Anfangs war das Messer noch rostig, aber wenn man ordentlich rieb, wurde es blank wie ein Spiegel.

Auf der Dose war ein Wichtel abgebildet, der eine Dose mit Wichtelmix in der Hand hielt. Auf der Dose des Wichtels war auch ein Wichtel, der eine Dose in der Hand hielt. Auf dieser Dose war ein Wichtel, der eine Dose mit einem Wichtel hielt, der eine Dose mit einem Wichtel hielt, der eine Dose hielt, auf der ein Wichtel war, der eine Dose hielt…

Ich blieb immer wieder davor sitzen und überlegte, wo das Ganz eigentlich aufhörte, bis Mama mir die Dose aus der Hand nahm.

»Beeil dich«, sagte sie heute, »dann darfst du mir beim Pfefferkuchenteig helfen.«

Sie kochte Zucker, Sirup und Gewürze in einem Topf zusammen auf. Der Geruch nach Nelken und Ingwer kitzelte in der Nase. Dieses Jahr fehlte der Zimt, weil die Gewürze knapp waren.

Die heiße Mischung leerte Mama dann über

die Margarine in einer Schüssel. Es sah so lecker aus, daß ich heimlich reinstipste. Aber da verbrannte ich mir ganz schön die Finger. Während ich am Finger lutschte, rührte Mama Pottasche und Mehl hinein.

Der Teig war nicht so groß wie sonst, alle Zutaten waren ja rationiert. Aber auf Pfefferkuchen zu verzichten war unvorstellbar, ohne Pfefferkuchen entstand kein richtiger Weihnachtsgeruch im Haus.

Der Pfefferkuchenteig mußte erst abkühlen, bevor er ausgerollt werden konnte. Wir stellten ihn auf die Treppe und nahmen dann den Tretschlitten, um mit der Wurst in die Räucherei zu fahren und sie dort räuchern zu lassen.

Die Wurst lag auf dem Sitz und wurde gefahren. Mama und ich standen hinten auf den Kufen und traten. Wir hatten gelernt, im Takt zu treten, und flogen nur so dahin.

»Guck mal!« schrie ich, als wir am Friedhof vorbeifuhren. »Da steht ein Gespenst!«

Und Mama guckte.

Dann schrie sie auf, und der Tretschlitten machte eine Vollbremsung. Wie Handschuhe flogen wir in den Schnee hinaus. Der Tretschlitten steckte in den Kniekehlen des Herr Pfarrers.

Mama hatte rote Wangen, und ihr Hut war davongerollt. Sie entschuldigte sich.

Ich sagte nichts, sondern prustete nur und spuckte einen blutigen Zahn aus. Es war ein Milchzahn, also war es nicht weiter schlimm.

Der Herr Pfarrer war ein Mann des Friedens. Er hob seinen Stock auf und rieb sich sein eines Knie. Dann verbeugte er sich freundlich und humpelte zum Pfarrhaus hinüber.

Auf dem Heimweg sagte Mama, daß wir den Teig gleich ausrollen würden, wenn wir heimkämen. Inzwischen sei er bestimmt kalt.

Peggy hatte andere Pläne gehabt. Sie gähnte und streckte sich unterm Tisch, als hätte sie sehr lange geschlafen.

Sie hatte überhaupt nicht geschlafen... Es war fast kein Teig mehr übrig!

Das war bestimmt das erste Mal, daß ich Mama fluchen hörte. Peggy verkroch sich hinter Papas Beinen. Da war sie sicher.

Wenn die Not am größten ist, ist die Hilfe am nächsten. Das Telefon läutete. Ein Pferd hatte eine Kolik bekommen, weil es eiskaltes Wasser getrunken hatte. Es eilte sehr! Papa mußte sofort losfahren, und Peggy durfte mitkommen. Stolz wie eine Königin saß sie neben ihm.

Ich rollte den kümmerlichen Teigrest aus. Er reichte für acht Pfefferkuchenweibchen und ein Männchen.

Papa blieb lange weg. Und als er zurückkam, war Peggy nicht dabei. Im Wald neben dem Bauernhof hatte jemand Hasen gejagt, und Peggy, die sich so vor Schüssen fürchtete, war davongerannt. Schließlich hatte Papa ohne sie zurückfahren müssen.

In jener Nacht schliefen wir nicht viel. Beim ersten Morgengrauen machte Papa sich wieder auf den Weg, um sie zu suchen.

Als ich von der Schule heimkam, lag Peggy in ihrem Korb in der Küche. Aber sie war müde und durchgefroren und zitterte, obwohl Mama ihr einen Pulli angezogen hatte. Auf Peggys Kissen lag ein zerbröselter Pfefferkuchen, den sie nicht angerührt hatte.

Ach, die arme Peggy! Wir weinten. Bestimmt würde Peggy sterben.

Papa versuchte, ihr Kognak einzuflößen. Aber sie stöhnte nur und fiel ins Kissen zurück. Es ging ihr zusehends schlechter. Der Blick ihrer Augen war matt. Aber am nächsten Morgen lebte sie noch. Der Pulli war voller Pfefferkuchenbrösel.

»Ich muß ihn ausschütteln«, sagte Mama und zog ihn Peggy über den Kopf.

Da machte das arme Tier einen glücklichen Satz. Munter wie ein Frühlingswind flog sie durchs Haus. Endlich war sie den fürchterlichen Pulli los!

Dann lief sie zu Mama und bettelte um Pfefferkuchen. Sie bekam alle, bis auf den letzten Krümel.

## *Das Geheimnis der Weihnachtsnacht*

Huiii!

Der wilde Winterwind pfiff mir um die Ohren und kniff mir in die Nase, bis sie rot wurde. Aber der Tretschlitten flog voran, als hätte er Flügel.

Beim Kaufladen war natürlich Schluß. Wie immer hatte der Kaufmann Sand gestreut, so daß ich den Tretschlitten viele Meter weit tragen mußte.

Dann war der Schnee wieder glatt und eben, und ich konnte bis zum Bahnhof weitersausen. Dort stellte ich meinen Tretschlitten ordentlich neben die Treppe.

Dann vertrieb ich mir die Zeit damit, auf dem nicht gestreuten Bahnsteig auf und ab zu schlittern. Komisch, daß keine Leute hier waren, obwohl der Zug jeden Augenblick kommen mußte!

Als mir das Schlittern zu langweilig wurde, übte ich Schneeballwerfen. Ein Schneeball flog zu weit und traf ein Fenster im zweiten Stock. Dort wohnte der Bahnhofsvorsteher.

Prompt streckte er den Kopf raus und schrie: »Geh nach Hause, du Rotznase! Es dauert noch eine Stunde, bis der Zug kommt.«

Ich hatte keine Uhr. Und ich hatte vergessen, auf die Bahnhofsuhr zu schauen. Aber was war schon eine kurze Stunde, wenn man Weihnachtsferien hatte?

Ich konnte warten. Die Schneebälle, die ich geformt hatte, wurden zu einer Schneelaterne mitten auf dem Bahnsteig – Gustav zu Ehren, es war nämlich Gustav, den ich abholen sollte.

Aber ab und zu mußte ich doch einen Schneeball durch die Gegend schmettern. Das war einfach zu verlockend. Plötzlich glitt Post-Olssons gelber Schlitten auf den Bahnsteig heraus. Er sollte den Postsack abholen und zum Postamt fahren. Das tat er jedesmal, wenn ein Zug kam.

Im Sommer hatte Post-Olsson einen Karren mit hohen Rädern, die fürchterlich quietschten. Ich half ihm oft beim Schieben. Bei diesen Gelegenheiten bekam ich geheime Geschichten zu hören, die nicht für Kinder geeignet waren. Mama wußte nichts davon. Aber was sie nicht wußte, tat ihr auch nicht weh.

Post-Olssons Schlitten dagegen quietschte kein bißchen. Wie ein Geist kam er über den Schnee geglitten. Ich hörte nichts, daher sauste ein Schneeball Post-Olsson entgegen und landete mitten auf seinem blanken Mützenschirm.

Aber Post-Olsson wurde nicht böse. Er trippelte ein paarmal mit seinen schwarzen Stiefeln hin und her und sagte: »Einen recht guten Abend, mein schönes Fräulein!«

Ich lächelte. Wenn man mausfarben und dick ist, genießt man es sehr, schön genannt zu werden. Selbst wenn nur von Olsson!

Der Schnee schmolz auf seinem Mützenschirm und tropfte auf seine dunkle Postuniform. Olsson ließ es tropfen. Olsson sei unerschütterlich wie die Sonne, hieß es. Und das war bestimmt wahr. Der Zug und Olsson kamen immer gleichzeitig an. Und wenn nicht, war es der Zug und nicht Olsson, der sich verspätet hatte.

Ja, tatsächlich! Jetzt pfiff der Zug hinter der Kurve. Dann würde es heute keine spannenden Geschichten geben. Der Zug schnaufte langsam in den Bahnhof und blieb mit einem Ruck stehen. Es krachte und klirrte, als die Wagenkupplungen aneinander schlugen. Die schwarze Lokomotive seufzte und blies kleine Wolken aus dem Schornstein.

Inzwischen war der Bahnhofsvorsteher erschienen. Auf seinen ordentlich gescheitelten Haaren thronte die staatliche Dienstmütze mit vielen goldenen Verzierungen. Unter dem Arm trug er eine zusammengerollte knallrote Fahne. Mit dieser Fahne pflegte er zu winken, wenn der Zug abfahren sollte.

Die einzigen, die ausstiegen, waren Gustav und ein Postsack. Olsson lud den Sack auf seinen Schlitten. Und ich setzte Gustav auf meinen Tretschlitten. Die Krücken legten wir ihm ordentlich über die Knie.

Ich wußte, daß Gustav lieber zu Fuß gegangen wäre. Aber dafür war es zu glatt. Wenn er hinfiel, brach er sich die Beine. Das war schon ein paarmal passiert.

Ächzend schob ich den Tretschlitten in die richtige Richtung. Dann mußte ich unwillkürlich lächeln. Gustav war nach Hause gekommen. Weihnachten hatte angefangen!

Gustav lächelte nicht. Nein, er saß ganz still auf dem Tretschlitten. Ich wußte, daß er schweigen würde, bis er wieder auf eigenen Beinen stand. Also schob ich, so schnell ich konnte.

Daheim in der Küche duftete es wundervoll. Mama hatte zum Empfang goldbraune Pfannkuchen gebacken, und das war Gustavs Lieblingsspeise. Endlich lächelte er!

Am Abend saßen wir um den Küchentisch und formten Schweinchen und Weihnachtsmänner aus Ersatzmarzipan, das Großvater aus Kartoffelbrei und Puderzucker zusammengemixt hatte. Ein paar Tropfen Mandelöl sorgten für den richtigen Geschmack.

Großvater hatte schon einmal Kriegszeiten erlebt und kannte daher eine Menge Tricks und Kniffe. Aus Zuckerrüben kochte er Sirup. Und wenn man Weizenkleie röstete, konnte man wenigstens so tun, als wäre es Kaffee. Anstelle von Mandeln verwendete er Sonnenblumenkerne.

»Häßlich darf man sein«, sagte Großvater immer. »Aber dumm nicht!«

Am Abend vor Heiligabend pflegte Mama als allerletztes den Fußboden zu firnissen. Dann wußten wir, daß alles fertig war. Der scharfe Geruch drang in jeden Winkel des Hauses. Es roch *sauber!*

Einmal, als ich noch klein war, schlich ich am Morgen des Heiligabends viel zu früh in die Küche. Und da klebte ich plötzlich fest: Der Firnis war noch nicht getrocknet! Seither testete ich den Boden immer vorher mit einer Zehenspitze. Denn natürlich mußte ich auch weiterhin frühmorgens runterschleichen und kontrollieren, daß der Weihnachtsbaum im Wohnzimmer stand und daß die bunten Papiergirlanden an der Zimmerdecke hingen.

Den Weihnachtsbaum schmückten wir gemeinsam am Vormittag. Gustav, der nicht auf die Leiter raufklettern konnte, saß daneben und sagte, wo alles hängen sollte. Jedes Jahr mußte alles genau gleich sein. Einmal hatte Mama versucht, einen neugekauften Stern oben an die Spitze zu stecken. Doch das hatten wir ihr nicht erlaubt. Wir hatten den alten mit Kleister aus Weizenmehl wieder zusammengeklebt.

Wie jedes Jahr war der 24. Dezember viel länger als alle anderen Tage. Aber irgendwann wurde es dann doch Abend.

Mit dem Weihnachtsmann hatten wir in jenem Jahr aufgehört, als Großvaters Kissenbauch in den Geschenkekorb gefallen war. Das war aber nicht sehr schlimm gewesen, weil ich ihn sowieso schon längst an den Händen wiedererkannt hatte.

Wir aßen in der Küche, und Peggy hatte ihren eigenen Stuhl. Aber sie blieb nie besonders lange sitzen, weil sie immer als erste fertig war.

Es war ein ungewohntes Gefühl, so viel Essen auf dem Tisch zu haben, obwohl doch alles rationiert war. Aber vom zweiten Feiertag an mußten wir wieder weniger essen. Ich seufzte vor Glück, als ich den Tisch anschaute.

Der Stockfisch bebte, als würde er noch leben. Die Wurst war genau richtig geräuchert, und der Käse hatte eine rote Rinde. Der gebakkene Schinken lag rund und rosig auf seiner Platte. Ein Holzspieß mit gekräuseltem Seidenpapier steckte in der Speckschwarte. Auf dem Herd köchelte der Schinkensud neben dem Reisbrei. Alles war eitel Weihnachtsfreude und Wonne. Sogar dem Weihnachtsmann hatten wir einen kleinen Teller mit Reisbrei rausgestellt, obwohl niemand an ihn glaubte.

Wir aßen und schmatzten, bis uns fast die Bäuche platzten. Die Erwachsenen genehmigten sich einen kleinen Klaren, den sie aus spitzen Gläschen tranken. Jedesmal, wenn sie schluckten, sagten sie aaah. Großvater bekam fünf Klare. Heiligabend war nämlich einer jener Abende, wo ihm Tränen in den Schnurrbart liefen.

Endlich war es Zeit für den Korb mit den Weihnachtsgeschenken. Ich bekam einen hellblauen Pulli und einen Ring mit einem blutroten Herzen. Leider kam der Ring nicht von Lasse. Gustav schenkte mir zwei Bücher. *Das versunkene Goldschiff* und *20000 Meilen unterm Meer.* Er hatte sie selbst gelesen, bevor er sie eingepackt hatte, und sagte, sie seien gut. Großvater schenkte mir einen kleinen Geldbeutel.

Der Metallbaukasten, den ich mir gewünscht hatte, war nicht dabei. Wahrscheinlich lag der noch in der Asche des Schieß- und Schreibwarenladens und rostete vor sich hin.

Wir spielten *Mensch ärgere dich nicht* und knackten Nüsse. Der Abend ging schrecklich schnell vorbei! Er hatte kaum angefangen, als Mama sagte, es sei Zeit, ins Bett zu gehen. Die Christmette begann schon um sechs Uhr in der Frühe.

Aber Mama hatte nicht daran gedacht, daß

die Weihnachtsnacht voller Geheimnisse ist. Bevor wir uns ausgezogen hatten, hämmerte es gegen die Tür.

Wer konnte so spät am Heiligabend noch kommen? Ich dachte sofort an Maria und Josef, die an so viele Türen klopfen mußten, bevor sie eingelassen wurden. Vielleicht wanderten sie in jeder Weihnachtsnacht auf der Erde umher?

Als Papa die Tür öffnete, sahen wir zwei dunkle Gestalten im Schnee stehen. Aber alles war still.

»Bitte, kommen Sie rein«, sagte Papa.

Nein, Maria und Josef waren es nicht. Zuerst kam ein hochgewachsener Mann in dunkelgrauem Mantel. Dann kam der größte Hund, den ich je im Leben gesehen hatte. Er erinnerte an ein Kalb.

Der Hund ging sehr langsam und hob seine eine Vorderpfote hoch. Papa führte ihn vorsichtig unter die Lampe. Mitten auf der Brust hatte der Hund eine Wunde.

»Das muß genäht werden.«

Aber Papas Operationstisch war viel zu klein.

»Bringt ein sauberes Leintuch her und breitet es hier auf dem Boden aus.«

Dann zog er seinen weißen Kittel an und

holte Nadel, Faden und Schere. »Der Hund muß betäubt werden.«

Doch der Mann schüttelte den Kopf. Da bekam ich es mit der Angst zu tun. Papa war zwar mit dem Löwen im Zirkus fertig geworden. Aber der war in einem Käfig eingesperrt gewesen. Wenn es diesem Hund in den Sinn kam, sich zu wehren, könnten wir ihn niemals festhalten.

Papa holte eine Schnur hervor und wollte ihm eine Schlinge um die große Schnauze legen. Denn auch brave Hunde können zuschnappen, wenn ihnen etwas weh tut.

Aber der Mann schüttelte erneut den Kopf.

Da füllte Papa eine Spritze mit Betäubungsmittel und stach die dünne Spritze durch das Fell des Hundes. Der Hund blieb regungslos stehen.

Nicht einmal, als Papa sich zwischen die Vorderbeine des Hundes auf den Boden legte und zu nähen anfing, bewegte er sich. Er blickte seinem Herrn die ganze Zeit fest in die Augen.

Und trotzdem war Papas Stirn schweißbedeckt. Wenn der Hund gewollt hätte, hätte er Papa ganz einfach die Nase abbeißen können.

Im Zimmer herrschte Totenstille. Nur das Klirren von Papas Instrumenten war zu hören.

»So, das wäre erledigt«, sagte Papa. Seine Stimme klang etwas heiser.

Der Mann verbeugte sich kurz vor Papa. Dann nahm er den Hund und verschwand in die Nacht hinaus.

Mama legte das Leintuch zusammen. Papa wusch die Instrumente aus. Und Großvater schob den Operationstisch an seinen Platz zurück. Aber niemand sagte ein Wort. Wer war unser stummer Weihnachtsgast gewesen?

Das haben wir nie erfahren.

## *Rache ist nicht immer süß*

Ich lag unterm Tisch und zeichnete Peggy ab, bis sie keine Lust mehr hatte, mir Modell zu sitzen. Dann versteckte ich mich hinterm Weihnachtsbaum und vergrub meine Nase in einem neuen Buch. Ich hatte zwei Kerzen an einen der unteren Zweige geklemmt, so daß sie mir direkt ins Buch schienen. Es war sehr gemütlich.

Ringsum im Weihnachtsbaum hingen kurze weiße Schnüre, die Schwänze von acht Zuckermäusen gewesen waren. Vom Zucker war inzwischen nichts mehr zu sehen.

Mama stand am Klavier und spielte Geige. Alles war eitel Freude, das einzige Traurige waren die Schwänze. Ich nahm einen und leckte ihn sauber ab.

Plötzlich hörte die Musik auf. Mama legte ihre Geige weg und sagte: »Morgen ist Weihnachten vorbei. Am Donnerstag hast du Klavierstunde. Und soviel ich weiß, hast du kein einziges Mal geübt.«

Ich schwieg und machte mich ganz klein hinterm Weihnachtsbaum. Vielleicht hatte sie mich nicht gesehen?

Aber das hatte sie. Ich legte einen Mäuseschwanz als Lesezeichen ins Buch und krabbelte hervor. Tonleitern mußte ich üben. Stinkfad! Und außerdem ein Stück, das »Wenn die Hummel summt« hieß.

Ich fing an, brachte aber nur einen kläglichen Ton nach dem anderen hervor. Wie eine summende Hummel klang das nicht!

Mitten aufs Klavier hatte Mama eine schöne Karte geheftet. Ich hatte die Karte gemalt und geschrieben und wußte, was darauf stand: *Für Mutter zum Muttertag. Ich verspreche, jeden Tag Klavier zu üben. Kajsa*

Der Muttertag war im Frühling gewesen.

Mama liebte Musik. Ich fand Musik ebenfalls

schön, aber das Geklimper, das ich am Klavier erzeugte, gefiel mir überhaupt nicht. Mama wollte, daß ich richtig Klavierspielen lernte. Ich hatte gemeckert und gemotzt und den lieben Gott mindestens hundertmal im Abendgebet darum gebeten, daß er mich davon verschonen möge. Aber bisher hatte nichts geholfen.

Während ich klimperte, fiel mir eine Möglichkeit ein, die ich noch nicht ausprobiert hatte. Ich hackte die Hummel noch viermal durch, dann versteckte ich mich wieder hinterm Weihnachtsbaum. Ich hatte Papier und Bleistift und einen Briefumschlag, den ich von Papa stibitzt hatte. Das Buch mußte warten, leider!

Ich leckte die Bleistiftspitze ab und schrieb mit meiner allerschönsten Schrift:

*Lieber König!*
*Darf ich bitte mit der Klavierstunde aufhören?*
*Ich muß mit der linken und der rechten Hand verschiedene Noten spielen.*
*Das ist sehr schwer.*
*Viele Grüße von Kajsa*

*PS: Bitte antworte schnell! Ich habe jetzt am Donnerstag Klavierstunde.*

Diesen schönen Brief faltete ich zusammen und klebte den Umschlag ordentlich zu. Dann erbettelte ich mir von Papa eine Briefmarke. Er glaubte, es wäre ein Liebesbrief an Lasse. Und ich ließ ihn in dem Glauben. Der Brief war schließlich ein Geheimnis zwischen mir und dem König.

Das glaubte ich bis zum nächsten Nachmittag. Ich hatte nicht damit gerechnet, daß die Post mich im Stich lassen würde!

Als ich von der Schule nach Hause kam, hielt Mama den Brief in der Hand. Und dabei hatte ich doch *An den König, Stockholm* als Adresse auf den Umschlag geschrieben und hinten drauf *Kajsa Persson.*

Jetzt wußte ich, daß nichts so unsicher war wie ein Brief auf der Post, und schwor Rache!

Der Donnerstag kam. Ich mußte brav in die Klavierstunde losziehen. Die Lehrerin, die mich unterrichtete, war kalt, dünn und streng. Manchmal mußte ich ein Weilchen auf ihrem Sofa sitzen und warten. Dann las ich eine Zeitschrift. Ich spuckte auf den Zeigefinger und blätterte mich zu einem Comic vor, der *Knoll und Tott* hieß. Das war das einzig Schöne an diesem Tag. Und die ganze Zeit hatte ich Bauchweh. Im ganzen Haus roch es nach Erbsen. Das aßen sie hier jeden Donnerstag. Nicht einmal ich mochte diesen Geruch.

Jetzt war ich an der Reihe! Ich kletterte auf den klapprigen Klavierstuhl neben der Lehrerin. Aber die Hummel summte hier genauso langsam wie daheim.

Schließlich wurde es der Lehrerin zu dumm, und sie schob meine Hände beiseite. »So muß das klingen«, sagte sie.

Aber alles, was ich hörte, waren ihre langen Fingernägel, die gegen die Tasten knallten.

Ich seufzte und klimperte, so gut ich konnte, eine endlose halbe Stunde lang. Dann war es endlich überstanden!

Zur Strafe bekam ich die Hummel noch einmal als Hausaufgabe auf, aber immerhin war ich frei. Eine Woche – sieben wunderbare Tage – bis zum nächstenmal.

Doch die Woche wurde nicht so wunderbar, wie ich erwartet hatte. Niemand in unserer Familie würde sie je vergessen. Es begann damit, daß ich Rache geschworen hatte. Das Postfräulein hatte ja sowohl mich als auch den König schmählich verraten.

Ich heckte einen Racheplan aus, in den auch

Lasse einbezogen wurde. Er erklärte sich sofort bereit. Und das allerbeste war – er hatte schon alle erforderlichen Zutaten dafür. Eine Krone verlangte er für seine Mithilfe, und das war es mir wert.

Kurz bevor das Postamt schloß, kam Lasse mit einer Tüte an. Ich hielt draußen im Birnbaum vor dem Fenster der Post Wache.

Als das Postfräulein drin ihre Spirituslampe hervorholte, war es soweit. Während sie die Lampe anmachte und eine Lackstange über die Flamme hielt, betrat Lasse das Postamt.

Briefe, in denen man Geld verschickte, mußten versiegelt werden. Bevor der weiche Lack hart wurde, drückte man mit einem Siegel einen Abdruck hinein. Dann konnte man hinterher feststellen, ob jemand versucht hatte, das Geld zu stehlen.

Es war nicht einfach, mit dem Lack umzugehen. Das Postfräulein mußte erst alles fertigmachen, bevor sie sich Lasse zuwenden konnte. Er hatte reichlich Zeit, die Tüte in einer Ecke zu verstecken.

Dann stellte er sich brav an den Schalter und wartete. »Eine Briefmarke«, sagte er und reichte ihr seine Krone.

Als er davonrannte, pfiff er zufrieden vor sich hin. Die Ratte, die in der Tüte steckte, war viel zu dumm gewesen, die hatte er nicht zähmen können. Er hatte sowieso mit einer neuen anfangen wollen.

Ich hing wie eine reife Birne auf meinem Ast. Bald würde drin im Postamt ein wildes Geheul ertönen. Ich hatte noch nicht vergessen, wie wundervoll Gun bei der Luciafeier geschrien hatte.

Aber ich mußte warten. Das Postamt war zwar geschlossen, aber noch hatte das Postfräulein viel zu tun. Sie arbeitete ruhig weiter.

Die Post, die mit dem Nachmittagszug gekommen war, mußte in viele kleine Fächer in der Wand sortiert werden. Jede Familie hatte ein eigenes Fach, das von außen geöffnet werden konnte. Das Postfräulein konnte die Fächer und Namen auswendig. Kaum sah sie einen Namen, flog die Hand mit dem Brief direkt zum richtigen Fach rüber. Brief um Brief. Zeitung um Zeitung.

Kein einziges Geheul gellte durch die Wände des Postamtes. Wie viele Minuten brauchte eine Ratte, um aus einer Tüte zu entwischen? Die Maus in Lasses Hosentasche hatte höchstens fünf Minuten gebraucht, um aus einer Holzschachtel zu entkommen.

Allmählich wurde es kalt im Baum, und der Ast scheuerte an meinem Hintern.

Die Kirchturmuhr gab plötzlich einen düsteren Schlag von sich. Halb sieben! Eine halbe Stunde und fünf Minuten war die Ratte in ihrer Tüte geblieben. Lasse hatte recht gehabt. Die Ratte war offensichtlich sowohl dumm als auch träge.

Jetzt ging das Licht aus. Die Schlüssel klirrten, als die Tür von außen abgesperrt wurde. Enttäuscht hüpfte ich von meinem Ausguck runter. Die Krone für Lasse hätte ich mir sparen können!

Drei Tage vergingen. Draußen plätscherte ein früher Frühlingsregen. Der Schnee verwandelte sich in Matsch. Die Ski schliefen im Dunkel der Kellertreppe. Lustlos klimperte ich dreimal täglich die Hummel herunter.

Am Abend des dritten Tages sagte Mama: »Kajsa, bring den Abfall runter. Draußen in der Küche riecht es schlecht.«

Aber der Abfalleimer war fast leer, daran lag es also nicht.

Am nächsten Morgen sagte Papa: »Pfui Teufel, im Wandschrank stinkt's ja bestialisch. Liegt da etwa noch Schmutzwäsche drin?«

Am Abend des vierten Tages stank es in der ganzen Wohnung. Es roch nach verfaulter Ratte.

»Kajsa, lauf zum Ewigen Grinsen«, brüllte Papa. »Sag ihm, er soll sofort herkommen.«

Unser Schreiner hieß das Ewige Grinsen. Einmal war er mit dem Stemmeisen abgerutscht, und seither war sein Mund auf der einen Seite breiter. Daher war er dazu verurteilt, bis in alle Ewigkeit zu lächeln.

Ich hämmerte an die Tür, aber niemand machte auf. Drin war es dunkel. Das Fahrrad stand vor der Tür, also war er daheim. Da kletterte ich auf den Fahrradsattel und spähte hinein. Er saß ganz still auf dem Sofa. Auf dem Tisch vor ihm stand ein komischer Apparat mit Kabeln, die bis zu seinem Kopf führten.

Ich erblaßte und mußte an ein Bild denken, das Lasse besaß. Es zeigte den »Elektrischen Stuhl«, und Lasse hatte erklärt, daß man die Leute in Amerika mit Strom umbrachte.

Wenn das Ewige Grinsen nun tot war? Er lächelte zwar, aber das machte er ja sowieso bis in alle Ewigkeit.

Ich hämmerte gegen das Fenster. Er rührte sich nicht. Da rannte ich zu ihm rein und kniff ihn in den Arm, worauf er endlich zusammenzuckte.

Dann nahm er den Kopfhörer ab, den er aufgehabt hatte, und auf einmal hörte ich liebliche Musik!

Das geheimnisvolle Ding auf dem Tisch war ein Radio, das er selbst gebaut hatte. Aber man brauchte Kopfhörer, um etwas hören zu können.

Ich bekam den einen Hörer, und dann horchten wir beide, bis die Musik verstummte. Anschließend begleitete er mich nach Hause zu Papa.

Drei Fußböden mußte das Ewige Grinsen aufreißen, bevor er endlich auf die Ratte stieß. Und wir mußten die Möbel von Zimmer zu Zimmer umräumen.

Die tote Ratte lag im Fußboden direkt über dem Postamt. Das Postfräulein sagte, sie habe neulich abends eine Ratte gesehen. Die sei bestimmt mit einem Postsack hereingekommen. Das geschehe des öfteren, daran sei sie gewöhnt.

Ich schwieg, und Lasse auch. Das war im Preis einbegriffen.

## *Das sprechende Glas*

Um drei Uhr waren wir zu Malin eingeladen, zur Weihnachtsbaumplünderung. Malin wohnte auf einem Bauernhof ziemlich weit außerhalb des Dorfes.

Mit den Sonntagsschuhen in einem Beutel stapften wir den weiten Weg durch den Schnee. Malins Vater würde uns im Schlitten nach Hause fahren.

Als wir in den Hausflur traten, bürsteten wir den Schnee sorgfältig von uns ab. Dann durften wir uns vor dem großen Eisenherd in der Küche wärmen, in dem es laut prasselte und gelbe

Flammen hinter der schwarzen Ofenklappe tanzten.

Werktags hielt man sich meistens in der Küche auf. Dort wurde gegessen, und dort schliefen die Kinder und Mägde. Die Sofas wurden ausgezogen, so daß in jedem mindestens zwei Personen schlafen konnten. Die Eltern schliefen in der Kammer hinter der Küche.

Aber heute war ein Festtag. Daher durften wir in den Saal. Der Saal war das schönste Zimmer auf dem Hof und erstreckte sich übers halbe Haus. An der einen Wand waren viele Stühle aufgereiht, und mitten im Zimmer stand ein großer, hoher Tisch.

In der einen Ecke bullerte ein Kachelofen, aber der Saal war dennoch eiskalt. Es half nichts, daß die Fensterritzen mit weißen Klebstreifen abgedichtet waren und daß Watte zwischen den Scheiben lag. Wir fröstelten in unseren dünnen Sonntagskleidern und bekamen eine Gänsehaut an Armen und Beinen. Unsere Zähne klapperten. Sehnsüchtig blickten wir zum Tisch rüber, auf dem Malins Mutter Zimtschnecken und heißen Kakao bereitgestellt hatte.

Von Kakao bekam Malin Bauchweh, daher

wurde für sie Silbertee gekocht. Silbertee mußte etwas ganz Besonderes sein, das hörte man ja schon am Namen.

»Das hätte ich auch gern«, sagte ich.

Die anderen schlürften ihren Kakao und stürzten sich auf die Zimtschnecken. Malin und ich mußten warten. Ich dachte an Großvaters Spruch: Wer auf etwas Gutes wartet, wartet nie zu lange. Geduldig saß ich neben Malin und nagte an meiner Zimtschnecke.

Endlich, endlich kam der Silbertee! Neugierig schaute ich in die Tasse. Ja, tatsächlich, der Tee sah silbern aus, genau wie Wasser.

Ich kostete einen Löffel voll. Schmeckte wie Wasser! Es war Wasser! Enttäuscht sah ich die anderen an, die alle prächtige braune Kakaoschnurrbärte hatten.

Aber Malins Mutter sah, daß ich traurig war. Sie leerte das Wasser aus und füllte meine Tasse mit duftendem Kakao. Bald hatte ich die anderen eingeholt.

Dann kam der Tanz um den Weihnachtsbaum. Als wir den Baum aus seiner Ecke zogen, um besser tanzen zu können, war der ganze Boden in der Ecke voller Tannennadeln. Das machte nichts. Zwischen den Kerzen hingen immer noch glitzerndes Lametta und vier Bonbons.

Die Kerzen am Baum waren nicht elektrisch, sondern aus Wachs. Lasse zog eine Streichholzschachtel aus der Hosentasche und wollte die Kerzen anzünden. Doch da schrie Malins Mutter, der Baum sei trocken wie Zunder und der Hof schließlich ganz und gar aus Holz!

Wir spielten *Polnische Hochzeit* und *Schön Jungfer, wer ist dein Liebster,* und ich versuchte jedesmal, Lasse als Partner zu kriegen. Doch Lasse nahm jedesmal Gun.

Als er in *Machet hoch das Tor* gefangen wurde, sollte er den Namen seiner Liebsten verraten. Aber da schwieg er.

Ich schlug vor, daß wir etwas anderes spielen sollten. Wir einigten uns auf Verstecken. Auf dem Dachboden war es wunderbar dunkel. Der Boden war mit staubigem Sägemehl bedeckt, und überall standen Kartons mit alten Kisten, hinter denen man sich verstecken konnte.

Dort oben war es allerdings genauso kalt wie draußen im Freien. Blaugefroren kletterten wir die Leiter wieder runter.

Inzwischen waren wir alle ein bißchen müde. Also machten wir das Licht aus und hockten uns unter den Tisch, wo Lasse uns eine Spukgeschichte erzählte.

»Es war einmal ein böser alter Mann, der lag als Leiche auf einem Tisch im Saal«, begann er. »Genau wie hier. Nachts entstand ein Höllenlärm im Saal. Als die Alte durchs Schlüsselloch guckte, sah sie, daß der Leibhaftige mit einer Peitsche in der Hand am Tisch stand. Und um ihn herum tanzte der Tote. So ging es jede Nacht zu, und am Tag der Beerdigung, als der Alte in den Sarg gelegt werden sollte, war nur noch das Skelett da. Mein Vater hat es selbst gesehen.«

Wir schauderten. Wenn jetzt auf dem Tisch über uns ein Skelett lag...

Doch dann schlug Malin vor: »Jetzt machen wir den Geisterlupf.«

Damit waren alle sofort einverstanden. Wir stellten zwei Stühle hintereinander, und ich setzte mich auf den vorderen Stuhl.

Die anderen stellten sich im Kreis darum herum und zählten schweigend bis zehn. Dann steckten sie ihre Zeigefinger unter meine Knie und Arme.

Leicht wie eine Feder schwebte ich über die hohe Rückenlehne des Stuhls auf den anderen Stuhl herunter, ein herrliches Gefühl!

Wir wiederholten es immer wieder. Aber wenn man nicht zählte, klappte es nicht.

Gun konnte noch ein unheimliches Spiel. Sie schrieb eine Menge Buchstaben und Zahlen im Kreis auf ein großes Papier. In die Mitte stellte sie ein umgedrehtes Glas. Wir setzten uns rings um das Papier und legten je einen Finger leicht aufs Glas. Dann fragten wir das Glas eine Menge Sachen, die wir wissen wollten.

Meistens blieb das Glas still stehen. Aber ab und zu bewegte es sich und wanderte zwischen den Buchstaben und Zahlen umher.

»Wie viele Kinder kriegt Lasse?«

»Sechs«, antwortete das Glas.

»Wie viele Jahre habe ich noch zu leben?«

Das Glas blieb still stehen. In meinem Magen spürte ich ein unheimliches Ziehen. Würde ich etwa in ein paar Tagen sterben? Vielleicht wollte das Glas mich nicht mit der Wahrheit traurig machen?

Wir stritten uns eine Weile darüber, wer von uns bluffte und das Glas herumlenkte. Denn das Glas konnte doch unmöglich wissen, was passieren würde!

»Wer lenkt dich?« fragten wir das Glas.

»Der Geist.«

In diesem Augenblick kam Malins Mutter herein.

»So, und jetzt werfen wir den Baum raus!«

Wir vergaßen das Glas und sangen lauthals, während wir den kläglichen Besen durch den Flur schleppten:

»Die Weihnachtszeit,
die ist jetzt aus, aus, aus.
Der Weihnachtsbaum,
ja der muß raus, raus, raus.
Doch nächstes Jahr kommt er aufs neu
und grünt und strahlt gar lieb und treu!
Das hat er uns versprochen!«

Zeit zum Heimfahren! Rein in die Kleider!

Plötzlich stellte ich fest, daß mein Geldbeutel nicht mehr in meiner Manteltasche lag. Wer hatte ihn genommen?

»Mein Geldbeutel ist weg«, flüsterte ich.

Im Flur wurde es ganz still. Ich glaubte es dennoch zu wissen, wer ihn hatte. Eigentlich wußten wir es alle. Gun hatte nämlich schon einmal in der Schule Geld geklaut. Sie schwieg, fühlte aber bestimmt, was wir dachten.

»Fragen wir doch das Glas«, schlug ich vor.

Gleich darauf saßen wir wieder im Kreis.

»Wer hat meinen Geldbeutel genommen?«

Zuerst blieb das Glas still stehen. Dann machte es einen Ruck und begann zu wandern. Vor drei Buchstaben blieb es stehen.

»GUN.«

Wir sahen, daß Gun ganz blaß wurde. Und bevor wir sie aufhalten konnten, war sie schon in die Kälte hinaus verschwunden. Stumm krochen wir in den Schlitten von Malins Vater und fuhren nach Hause.

Als ich heimkam, war das erste, was ich sah, mein Geldbeutel. Ich hatte ihn auf der Treppe verloren.

Großvater nahm mich an der Hand, und dann gingen wir zu Gun nach Hause.

# *Ein Kalb wird geboren*

»Rrrrr!«

Das Telefon läutete, obwohl es mitten in der Nacht war. Oft wurden Tiere ausgerechnet nachts krank. Papa mußte sich beinahe immer nach so einem Anruf auf den Weg machen, auch wenn es draußen dunkel war und ein Schneesturm ums Haus heulte. Und meistens war es eilig.

Ich wachte jedesmal vom Telefon auf, kuschelte mich dann aber wieder unter die Decke und schlief ein.

Heute nacht konnte ich nicht einschlafen. Ich

hörte Papa sagen: »Holt mich mit dem Schlitten an der Landstraße ab. Wenn das Auto bei dieser Kälte anspringt, komme ich. Ihr müßt genügend abgekochtes Wasser bereit haben. Mindestens dreißig Liter.«

Ich schlüpfte aus dem Bett. Der Fußboden war eisig, der Winter hatte nämlich wieder zugeschlagen. Drin im Schlafzimmer war schon Licht.

»Papa, darf ich mitkommen?«

»Wenn du in Null Komma nix fertig bist.«

Das war ich. Unterhemd und Leibchen. Wollstrümpfe, die mit rosa Strumpfbändern festgemacht wurden. Darüber Skihose, Bluse und Pulli. Über das alles einen Anorak mit Kapuze. Als Papa seine hohen Stiefel anzog, band ich bereits meine Mütze aus Kaninchenfell ordentlich unterm Kinn zu. Es war eine sehr schöne Mütze mit einem Zipfel, von dem Bommeln runterhingen.

Draußen heulte der Sturm. Die Schneeflokken stachen uns wie Nadeln in die Wangen, während wir durch die Schneewehen zur Garage stapften.

Ich schob meine Hand in Papas Hand, von der Wärme und Geborgenheit ausgingen. Ich hatte das Gefühl, als wären wir die einzigen Lebewesen auf der Welt. Gleichzeitig wußte ich, daß irgendwo eine bedauernswerte Kuh im Stall lag, die nicht kalben konnte, und daß der Bauer unterwegs war, um uns abzuholen.

Wir schaufelten die Schneewehen vor der Tür beiseite. Aber man durfte das Auto nicht in der Garage anlassen, sondern mußte es vorher rausschieben. Treibgas war giftig, und schon viele Menschen waren gestorben, weil sie ihre Autos in der geschlossenen Garage angelassen hatten.

Ich hörte Papa ächzen. Bestimmt dachte er daran, wie einfach es gewesen war, mit Benzin zu fahren. Jetzt mußte er Holzkohle aus einem großen, schweren Sack in das Aggregat schütten. Und dann mußte er versuchen, durch eine kleine Öffnung von unten Feuer zu machen.

Die Zündhölzer waren groß und sprühten wie Wunderkerzen. Dreimal wurde das Feuer ausgepustet. Dann flackerte endlich eine kleine Flamme auf.

Bald begann der Motor zu brummen. Ich kroch unter eine Decke inmitten von Taschen und großen Wattepaketen.

»So, und jetzt wird gesungen«, sagte Papa und trat aufs Gaspedal. Er brauchte ein ordentliches Anfangstempo, damit er nicht im Schnee steckenblieb.

Meistens war es Papa, der mir vorsang. Er konnte viel schönere Lieder als ich. Ein paar davon durfte ich Mama allerdings nicht vorsingen, wenn ich nach Hause kam.

Jetzt gab Papa Vollgas! Quer über der Straße lag eine Riesenschneewehe. Der Schnee spritzte um die Räder.

Es half nichts. Das hintere Ende geriet ins Schleudern, und die Reifen schlitterten. Und dann steckten wir fest! So fest wie in Teer.

Aber während Papa ausstieg und seine Schneeschaufel aus dem Auto holte, sang er, daß es den Sturm übertönte: »Negeraufstand ist auf Kuba, Schüsse hallen durch die Nacht...«

Endlich hatten wir die Schneewehe überwunden. Aber jetzt war ich für den Gesang zuständig, Papa mußte nämlich höllisch aufpassen, sonst landeten wir im Graben. Nach einiger Zeit hatte ich keine Lust mehr, sondern preßte nur die Nase gegen die kalte Scheibe. Ringsum verschneiter Wald und vereinzelte kleine Höfe, die in der Nacht schliefen. Dann schimmerte ein Licht. Der Bauer hatte eine Laterne mitgebracht.

Papa holte seine Tasche mit den Instrumenten und Medikamenten aus dem Auto. Dann krochen wir im Schlitten unter eine Schaffelldecke. Das Licht der Laterne flackerte. Inzwischen schneite es nicht mehr. Aber der Bart des Bauern war weißgefroren.

Er knallte über dem Pferd mit der Peitsche. Der Schlitten flog in die Dunkelheit hinaus, und die ganze Gegend wurde vom Klang der Schlittenglöckchen erfüllt.

So muß es im Himmel klingen, wenn alle Engel ihre Harfen spielen, dachte ich und wünschte mir, daß die Reise noch lange, lange so weitergehen würde.

Aber der Bauer und Papa dachten an die arme Kuh. Schon bald bog der Schlitten in den Hof ein und hielt vor dem Stall.

Drin bei den Kühen war es warm und hell, zumindest kam es mir so vor, als ich aus der Dunkelheit und Kälte hereinkam. Elektrisches Licht gab es nicht. An der Decke hing eine Laterne, die mit Karbid brannte. Die Flamme summte und zischte, erzeugte aber ein kräftiges weißes Licht.

Es waren die schweren Leiber der Kühe, die den Stall erwärmten. Die Kühe lagen in ihren

Boxen und käuten das Heu wieder, das sie zum Abendessen bekommen hatten. Jetzt drehten sie ihre Köpfe um und wollten sehen, wer da in den Stall kam. Die Ketten rasselten an ihren Hälsen.

Ganz hinten lag die Kuh, die kalben sollte. Sie stieß einen klagenden Laut aus und sah den Bauern an, als bäte sie ihn um Hilfe. Unterm Schwanz der Kuh war bereits die Schnauze des Kalbes und einer der kleinen Hufe zu sehen. Normalerweise, wenn alles gut ging, glitten die Kälbchen aus den Kühen heraus, ohne daß jemand dabei behilflich sein mußte. Aber diesmal war es steckengeblieben.

Papa krempelte rasch die Hemdsärmel hoch. Dann zog er seinen schweren Gummikittel an, der bis auf den Boden reichte. Ich half ihm, ihn hinten zuzubinden. Schließlich streifte er lange Gummihandschuhe über und wusch sich sorgfältig die Hände. Dann steckte er die eine Hand an der Schnauze des Kälbchens vorbei in die Kuh und tastete.

»Das eine Vorderbein ist nach hinten gebogen«, sagte er.

Mit größter Vorsicht legte er einen Strick um den Kopf des Kälbchens in der Kuh. Einen zweiten Strick band er um den kleinen Huf.

»So, und jetzt ziehen wir ganz langsam«, sagte er zu dem Bauern, der den ersten Strick hielt.

Das Kalb kam ein kleines Stück heraus, aber dann steckte es wieder fest und glitt nicht weiter, ganz gleich, wie sehr Papa und der Bauer sich abmühten.

Papa reichte mir seinen Strick. »Das eine Beine liegt verkehrt. Halt das hier fest, während ich es richtig hinbiege.«

Ich hielt den Strick so fest ich konnte. Kurz darauf konnte Papa auch um das zweite Vorderbein einen Strick binden. Stück für Stück glitt das Kalb heraus. Zuerst der Kopf. Aber die Augen waren geschlossen.

»Lebt es?« flüsterte ich.

»Ja, noch«, antwortete Papa. »Aber wir müssen uns beeilen.«

Mein Herz klopfte, und ich hielt den Atem an. »Komm, Kälbchen, komm!« flüsterte ich.

Und endlich! Das Kalb glitt auf den Boden heraus!

Der Bauer rieb es mit einem Heubüschel ab, um es zum Atmen zu bringen. Plötzlich wakkelte es mit einem Ohr. Also lebte es!

Am liebsten hätte ich getanzt. Aber ich blieb

stehen und sah zu, wie der Bauer das Kalb zum Kopf der Kuh trug. Erstaunt beschnupperte sie den bebenden, nassen Körper. Und obwohl sie so erschöpft war, versuchte sie es sofort abzulecken.

Papa und der Bauer waren ebenfalls erschöpft. Aber der Bauer lächelte, und Papa pfiff, während er sich wusch.

Ich saß auf der Leiter, die zum Heuschober hinaufführte, und wartete. An der Decke schwebte eine Wolke aus Spinnweben, und darin schlief eine dicke Spinne. Hinten im Koben grunzte eine Sau und wühlte mit der Schnauze im leeren Futtertrog. Bestimmt glaubte sie, daß es schon Morgen war.

## *Die Augen der Hexe*

Bis tief in den März hinein lag der Schnee so hoch, daß wir hinter der Garage Höhlen bauen konnten. Der Sturm heulte um die Hausecken. Eines Nachts flog das Dach vom Holzschuppen des Kaufmanns runter.

Dann endlich kam die Wärme. Der Schnee schmolz. Auf dem Schulhof fingen wir an, Murmeln zu spielen, Reifen zu treiben und Ball zu werfen.

Als der Eispanzer aufbrach, verwandelten sich die Bäche in reißende Ströme. Wir bauten Wasserräder und Dämme, die Lasse konstruiert hatte. Wir zogen Stiefel und Strümpfe aus und stapften im Wasser herum. Die Kälte vertrieb alles Gefühl aus unseren winterblassen Beinen. Wir stolperten und machten uns naß. Aber wir waren die ersten im Wasser!

Kiebitze und Brachvögel kamen aus dem Süden angeflogen und bauten ihre Nester im Moor. Und plötzlich bekamen wir ebenfalls Lust, uns ein Nest zu bauen.

Im Wald unterhalb vom Metzger stand eine krummgewachsene Kiefer, die für ein Baumhaus wie geschaffen war. Lasse besorgte Bretter und eine Handvoll gebrauchter Nägel, die man gerade klopfen konnte. Ich schmuggelte die alte Wolldecke vom Dachboden hinaus. Denn wer hatte schon Lust, auf einem staubigen Dachboden zu hocken, wenn draußen Frühling war? Die Taschenlampenbatterie war zu Ende. Ich kaufte eine neue, damit wir in unserem Baumhaus elektrisches Licht hatten.

Gleich neben dem Baumhaus befand sich ein Abfallhaufen voller brauchbarer Dinge. Zwei leere Konservendosen aus Blech wurden zu Telefonen, nachdem Lasse sie an je einem Ende einer sehr langen Schnur befestigt hatte.

Das eine Telefon wurde im Baumhaus aufgestellt. Das andere versteckten wir sorgfältig in einem dornigen Schlehenbusch. Von dort aus konnten wir ins Baumhaus hinauftelefonieren und feststellen, ob einer von uns schon dort war.

Eine alte Flasche wurde zu einer Vase, gerade groß genug für drei Leberblümchen. Die Vase stand auf dem Tisch, einer alten Zuckerkiste.

Ums Essen war es weniger gut bestellt. Doch eines Nachmittags entdeckte Lasse eine kleine Höhle voller Haselnüsse, die eine Maus im Herbst gesammelt, aber nicht aufgefressen hatte.

»Mäusenüsse sind die besten«, sagte er und knackte eine mit den Zähnen. Dann futterten wir, bis wir Bauchweh bekamen.

Das Baumhaus war so geheim, daß nicht einmal der Rote Blitz dorthin mitkommen durfte. Wenn das Fahrrad unten am Baum stünde, wäre unser Lager bald nicht mehr geheim.

Im Baumhaus war ich vollkommen glücklich, dort hätte ich ewig bleiben können. Aber nur mit Lasse natürlich.

Lasse hatte jedoch nicht immer Zeit, gerade jetzt hatte er nach der Schule besonders viel zu tun. Er mußte seinem Vater helfen, die neue Friedhofskapelle fertig zu bauen.

Früher waren die Toten in der Tenne oder in der guten Stube aufgebahrt worden. Aber inzwischen waren viele Menschen von ihren Höfen in enge Wohnungen in den Ortschaften gezogen, und daher brauchte man eine Friedhofskapelle, wo die Särge bis zum Tag der Beerdigung stehen konnten.

Am Sonntag sollte die Kapelle eingeweiht werden. Der Bischof wurde erwartet. Das sei der höchste von allen Pfarrern, erklärte Lasse. Wir Schulkinder sollten singen, und Fräulein Svensson würde auf der neuen Orgel spielen. Wir hatten schon seit vielen Wochen geübt und konnten »Heilig, heilig, heilig« und »Geh aus, mein Herz, und suche Freud« auswendig.

Ich war dazu ausersehen worden, Fräulein Svenssons Noten umzublättern. Das hieß, daß ich ganz vorne stehen mußte und von allen gesehen werden würde. Daher hatte Mama mir eine weiße Bluse genäht, deren Ärmel mit flatternden Volants eingefaßt waren.

Endlich war Sonntag!

Mama hatte sich die Haare hinter den Ohren zu einer Rolle hochgesteckt. Das war modern und hieß Engelsfrisur. Schön war es nicht, fand ich, aber in einer Kapelle für die Toten vielleicht passend. Auf diese Frisur hatte sie einen spitzen Hut gesetzt.

Als der Bischof kam, sah ich sofort, daß Lasse gelogen hatte. Der Bischof war überhaupt nicht der höchste! Unser Pfarrer war viel höher und dicker als er. Aber der Bischof hatte dafür ein goldenes Kreuz auf der Brust, das jedesmal, wenn er hustete, hüpfte und funkelte.

Fräulein Svensson war furchtbar nervös. Aber ich selbst war ganz ruhig. Ich wußte ja, was ich zu tun hatte. Stolz drehte ich mich um und lächelte Lasse zu. Er stand dicht hinter mir.

Die Kapelle war ziemlich klein und voller Leute. Es herrschte großes Gedränge. Ich kroch so nah wie möglich zur Orgel hin. »Heilig, heilig« klappte gut. Wir sangen so laut, daß das Dach beinahe abhob. Der Bischof lauschte mit gefalteten Händen.

Jetzt war das nächste Lied an der Reihe. Fräulein Svensson stellte rasch die neuen Noten hin.

In dem Moment, als ich umblättern sollte, flüsterte Lasse: »Bis nachher im Baumhaus!«

Seine Stimme kitzelte in meinem Ohr. Ich zuckte zusammen. Der Volant an meinem Blusenärmel flatterte, blieb an den Noten hängen und fegte den ganzen Stapel runter.

Hinter mir hörte ich jemanden vor Lachen prusten. Lasse!

Die Notenblätter verschwanden zwischen Beinen und Füßen auf dem Boden. Ich verschwand ebenfalls.

Ich rannte davon. Die Bluse war dünn, und die Volants flatterten wie Engelsflügel. Aber ich lief nicht nach Hause. Bestimmt war Mama sehr böse, weil ich mich so schlecht benommen hatte.

Mama war jedoch nicht der Hauptgrund für meinen Kummer. Sie pflegte sich ziemlich schnell wieder zu beruhigen. Aber Lasse! Er hatte über mich gelacht! Ich wollte ihn nie wiedersehen!

Trotz allem lief ich zu unserem Baumhaus. Direkt neben der Kiefer gluckste der Bach. Mein Mund war ausgetrocknet, ich mußte etwas trinken.

Das tat gut! Das kalte Wasser kühlte meine heißen Wangen. Ich setzte mich zum Ausruhen auf einen Stein.

Da raschelte es im trockenen Laub. Eine Kröte!

Unbeweglich starrte sie mich mit ihren runden Augen an. Ich erinnerte mich an ein Märchen, das Großvater erzählt hatte. In diesem Märchen war die Kröte ein verzauberter Prinz gewesen, der erlöst worden war, weil ein Mädchen ihn auf den Mund geküßt hatte.

Ich sah die Kröte an. Ganz so scheußlich konnte doch nicht einmal ein verzauberter Prinz aussehen? Die Kröte blieb hocken, als warte sie auf etwas. Vielleicht hoffte sie auf meine Hilfe?

Igitt, nein...

Dann mußte ich an Lasse denken. Wenn ich mit einem Prinzen ankäme, würde er bestimmt ganz schön dumm gucken! Ich schauderte, als meine Lippen sich der Kröte näherten. Kurz bevor ich sie küßte, schloß ich die Augen.

Und im selben Augenblick hüpfte dieser Spielverderber davon. Ich war enttäuscht, aber gleichzeitig auch erleichtert. Wo hätte ich den Prinzen hintun sollen?

Plötzlich spürte ich, daß ich sehr müde war. Immerhin hatte ich ziemlich viel mitgemacht. Am besten, ich ruhte mich ein Weilchen im Baumhaus aus. Lasse war bestimmt noch in der Friedhofskapelle.

Ich beeilte mich, den Stamm hinaufzuklettern. Bisher hatte ich beim Klettern immer

Gummistiefel angehabt. Heute trug ich meine feinen Sonntagsschuhe mit den dünnen glatten Sohlen. Als ich den vorletzten Tritt nach oben machte, rutschte ich aus und fiel. Die Zweige zerrten wie mit scharfen Krallen an meiner Bluse. Ich hörte mich selbst schreien.

Anfangs spürte ich gar nichts. Doch dann... Es war, als stecke mir ein Messer im Fuß. Ich wimmerte und sank auf die Erde zurück. Da hörte ich einen Zweig knacken. Das mußte Lasse sein!

Vorsichtig öffnete ich die Augen, schloß sie aber sofort wieder. Über mich gebeugt stand nämlich – Bonbon-Stina!

Alle Kinder waren davon überzeugt, daß Stina eine Hexe war. Zumindest kannten wir niemanden, der so sehr wie eine Hexe aussah wie Stina.

Stina trug immer eine Sonnenbrille, im Freien und im Haus. Bei Sonne und Regen. Bestimmt hatte sie gelbe Augen, die sie nur nicht zeigen wollte. Die Krempe ihres schwarzen Hutes war mit Kirschen verziert – und die waren immer frisch, sowohl im Sommer als auch im Winter. Weil Stina eine Hexe war, konnten die Kirschen nie faulen.

Obwohl wir schreckliche Angst vor Stina hatten, mußten wir sie manchmal aufsuchen. Auf ihrer Veranda verkaufte sie nämlich Bonbons. Duftend und verlockend lagen die Bonbons in großen Dosen, die mit Glasdeckeln verschlossen waren. Rotgestreifte Pfefferminzbonbons und Kokosbälle mit extradicker Schokoladeschicht.

Am allerbesten waren die Sahnebonbons, die Stina selbst kochte. Sie hießen Tschong und blieben wundervoll an den Zähnen kleben.

Jetzt lag ich also unterm Baumhaus auf dem Boden, und Stina beugte sich über mich. Mein Herz blieb vor Entsetzen fast stehen. Davonrennen war unmöglich, weil mein Fuß so sehr schmerzte. Aber wenn ich die Augen schloß, würde sie vielleicht verschwinden. Genau wie die Kröte.

Doch nein, Stina blieb stehen. Sie stieß mich vorsichtig mit ihrer Stiefelspitze an. Dann hob sie mich auf und trug mich zu ihrem Haus.

Ich wagte kaum zu atmen. Jedesmal, wenn ich vorsichtig Luft holte, nahm ich einen schwachen Duft nach Pfefferminz wahr. Ich hatte immer geglaubt, daß Hexen nach Schwefel und fauligem Fisch rochen.

Der schwarze Hut stieß an meine Wange. Ich schlug die Augen auf. Komisch! Die Kirschen waren ja künstlich, genau wie die Blume auf Mamas Hut. Aber Stinas gelbe Hexenaugen konnte ich nicht sehen, die versteckte sie wie üblich hinter ihrer Sonnenbrille.

Das Haus, in dem Stina wohnte, war braun wie Pfefferkuchen. Sie setzte mich auf einen Stuhl. Ich zitterte. Vielleicht würde sie mich jetzt braten, wie die Hexe im Pfefferkuchenhaus es mit Hänsel vorgehabt hatte!

Doch plötzlich begann ich mich über mich selbst zu ärgern. Ich war wirklich zu groß, um noch an Märchen zu glauben.

Stina trat auf ihre Veranda hinaus und wurde auf einmal von Kopf bis Fuß kariert! Die Hand, die eine Bonbondose öffnete, wurde grün. Die andere, die einen kleinen Teller hielt, wurde blau wie der Himmel. Die Verandafenster waren aus kleinen, bunten Glasscheiben zusammengesetzt. Wenn die Sonne schien, verfärbte sich alles auf der Veranda blau, rot und grün.

Als Stina mit dem Löffel in der Dose herumscharrte, klapperte es vielversprechend. Bald hielt ich einen ganzen Teller mit Tschong auf dem Schoß.

»Iß«, sagte sie und schob vorsichtig einen Schemel unter meinen Fuß. »Bleib ganz still sitzen, bis ich deine Mutter geholt habe. Dieser Fuß muß umgehend zum Arzt.«

»Meine Eltern sind beide in der Friedhofskapelle«, schluchzte ich. »Es dauert noch lange, bis sie daheim sind.«

»Dann müssen wir eben warten.«

Stina nahm den schwarzen Hut vom Kopf, den sie mit langen Nadeln an ihrem braunen Haarknoten festgesteckt hatte. Wir hatten immer geglaubt, der Hut sei an ihrem Kopf festgewachsen.

Die Tschong-Bonbons waren lecker, und der Schemel tat gut. Wenn der Fuß hoch lag, waren die Schmerzen nicht ganz so schlimm. Stina ging in die Küche hinaus und legte einen Holzscheit aufs Herdfeuer. Es knisterte genau wie daheim. Aber ich erschrak trotzdem und reckte den Hals, um durch den Türspalt spähen zu können. Nein! Der Herd war viel zu klein, darin konnte man keine Kinder braten.

Stina füllte ihre hellblaue Kaffeekanne mit Wasser. Dann stellte sie zwei Tassen auf ein Tablett. Die Hefeschnecken waren hart, aber ich durfte sie in den Kaffee stippen.

»Trink einen ordentlichen Schluck Kaffee, damit dir warm wird. Hast du lange dort im Wald gelegen?«

Ich schwieg. Wie lange ich unter der Kiefer gelegen hatte, das wußte ich nicht.

Plötzlich nahm Stina ihre Sonnenbrille ab. Ich vergaß mein Hefestück in der Kaffeetasse. Es wurde ganz weich, wie Katzenfutter. Jetzt würde ich etwas zu sehen bekommen!

Aber Stina schloß die Augen und rieb sich die roten Augenlider. Dann sah sie mich an. Und ihre Augen waren genauso blau wie meine!

»Meine Augen sind so lichtempfindlich«, erklärte sie und setzte die Sonnenbrille wieder auf.

Klein und verlegen saß ich auf meinem Stuhl und schämte mich. Können Hexen tatsächlich blaue Augen haben?

»Warum warst du überhaupt allein im Wald?« fragte Stina freundlich.

»Lasse«, murmelte ich. »Er hat mich verraten.«

Da zuckte Stina die Schultern und nickte zu einem Porträt an der Wand rüber, auf dem ein Seemann in weißer Matrosenjacke zu sehen war. »Männer«, seufzte sie. »Manchmal sind sie ja ganz brauchbar. Aber man kann sich nicht auf sie verlassen. Am besten, du lernst das ein für allemal. Man muß dafür sorgen, daß man allein zurechtkommt, obwohl man ein Frauenzimmer ist.«

Sie stand auf, drückte ihren Hut wieder auf den Haarknoten und steckte langsam Nadel für Nadel wieder rein.

Dann sagte sie traurig: »Und wenn ich noch so gute Bonbons koche, hilft es doch nichts. Er kommt trotzdem nie zurück.«

Rasch strich sie mir übers Haar. »So, und jetzt geh ich und hol deine Mutter.«

Ich lächelte, obwohl mein Fuß inzwischen wieder heftig schmerzte. Jetzt hatte ich keine Angst mehr. Wer mit einer Hexe befreundet ist, braucht sich vor nichts mehr zu fürchten.

Nein, vor Stina hatte ich keine Angst mehr. Aber als Papa kam und meinen Fuß befühlte, erschrak ich dann doch.

»Der Fuß muß geröntgt werden«, sagte er. »Am besten, wir fahren dich gleich ins Krankenhaus in der Stadt.«

»Ich fahre«, sagte Mama.

Mama konnte nämlich Auto fahren, etwas, was sonst fast keine Mütter konnten. Mama mußte Papa manchmal beim Fahren ablösen, wenn er müde war.

Stina steckte zwei Kokosbälle in eine Tüte und gab sie mir. Dann ging's los. Mama fand, daß ich traurig aussah, und sang daher aus vollem Hals, um mich aufzumuntern:

»Komm her, mein Schatz, und tanz mit mir!
Beide Hände reich ich dir...«

Als ob sie sich nicht ein passenderes Lied für mich hätte aussuchen können, wo ich sowohl an gebrochenem Herzen als auch an einem kaputten Fuß litt!

Ich schwieg und tat mir selbst leid. Doch dann hörte ich, wie verlockend die Tüte auf meinem Schoß raschelte. Das erinnerte mich daran, daß es noch andere Leute gab, die sitzengelassen worden waren. Was hatte Stina gesagt? Man mußte sehen, daß man allein zurechtkam, obwohl man ein Frauenzimmer war.

Ich nahm mich zusammen und reichte Mama einen Kokosball.

»Mmm, herrlich«, sagte sie und merkte gar nicht, daß wir soeben Eisenbahnschienen überquerten.

Das Auto machte einen Riesensatz, als würde es Polka tanzen. Danach sah Mama ziemlich verändert aus. Der Hut war an die Decke gestoßen und ganz platt gedrückt. Und Mamas Gesicht war schwarz von Schokolade.

Dann kamen wir beim Krankenhaus an. Ich war bisher noch nie geröntgt worden. Aber Lasse hatte gesagt, daß die Röntgenstrahlen direkt durch den Körper gingen. Und wie das sich anfühlen mußte, konnte man sich vorstellen!

Ich schrie und weinte und stellte mich an, obwohl ich schon so groß war. Und Mama schämte sich. Am Ohr hatte sie noch einen Schokoladenklecks, und ihr Hut rutschte ihr andauernd vom Kopf. Als ich glaubte, daß der Arzt jetzt anfangen würde, teilte er mit, alles sei überstanden.

Da verstummte ich. Anschließend wurde mein Fuß eingegipst. Daheim wurde ich wie eine Königin empfangen. Papa erwartete uns auf der Treppe und trug mich hinauf.

Vierzehn Tage lang mußte ich stillsitzen, und das waren dreizehn Tage zuviel.

Eines Tages kam Malin und brachte mir einen geheimen Brief von Lasse: »Ich hofe das du bis Ohstern gesund bist.«

Ich versteckte den Brief unterm Leibchen, direkt überm Herzen.

Und ich wurde bis Ostern tatsächlich wieder gesund. Wenigstens beinahe. Aber ins Baumhaus hinaufzuklettern, das traute ich mich nicht. Lasse und ich mußten uns am Fuß der Kiefer treffen.

Am Samstagabend vor Ostern verkleideten sich alle Kinder und auch manche Erwachsenen als Hexen, um drüben bei der Mühle ihr Unwesen zu treiben. Röcke und Kopftücher hatten wir von unseren Müttern ausgeliehen. Ich schminkte mir das Gesicht mit Kreide, und Lasse hatte sich aus einer alten Weihnachtsmannsmaske eine Hexenmaske geschnitten.

Wir hatten jeder einen Besen, um darauf zu reiten, und je einen Schürhaken, um damit gegen die anderen Hexen zu kämpfen.

»Aber eine Katze«, sagte Lasse düster. »Eine Katze haben wir nicht.«

Ich wollte ihm zeigen, wie tüchtig ich war, und versprach, eine zu besorgen. Das würde nicht schwierig werden. Tante Beda hatte im Herbst, als Barbro nach Stockholm zurückgefahren war, eine Katze gekauft. Die Katze war weiß und wurde Angora genannt, war also keine gewöhnliche Bauernkatze. Ihre Haare waren wie gesponnene Seide.

Es war keine Kunst, die Katze einzufangen. Ich hockte mich hinter einen Busch und streckte einen Hering vor. Dann steckte ich die Katze in einen Korb mit einem Deckel.

Das einzig Dumme war, daß die Katze schrie. Es klang, als würde ich ein neugeborenes Baby im Korb mit mir herumtragen.

Stolz saß ich am Fuß des Baumhauses und wartete auf Lasse. Bestimmt freute er sich!

Das tat er auch. Zuerst. Doch als er den Dekkel geöffnet hatte, stöhnte er: »Hast du jemals eine Osterhexe mit einer weißen Katze gesehen? Die muß doch schwarz sein!«

Wir hatten keine Zeit, eine neue zu suchen. Also mußten wir die Katze färben, und Lasse wußte auch schon, wie man das anstellen konnte.

Die Öfen in der Kirche und der Schule wurden mit rußschwarzem Koks beheizt. Im Keller der Schule gab es einen Koksraum, die Tür dorthin war fast nie abgeschlossen.

Die Katze durfte ein Weilchen im Koks herumhüpfen. Schwarz wurde sie zwar nicht, aber sehr grau. Das taugte auch.

Die Katze auf dem Besen zu halten, war fast unmöglich. Schon bald war ich über und über mit roten Kratzern bedeckt. Aber alle glaubten, das gehörte zum Kostüm.

Bei der Mühle brannte ein Riesenfeuer, das alle Hexen, die nach Blåkulla, zum Hexenberg, unterwegs waren, abschrecken sollte. Wir tanzten und schrien und brüllten und gaben uns die größte Mühe, den Hexen angst zu machen.

Anschließend rannten wir von Haus zu Haus und bettelten um Süßigkeiten. Tante Bedas Haus mied ich. Die anderen berichteten, daß sie unterwegs sei, um ihre Katze zu suchen.

Tante Beda tat uns leid, daher beschlossen wir, auf die Katze zu verzichten. Aber bevor wir sie nach Hause entließen, mußte sie gewaschen werden. Unten am Bach gaben wir uns damit die größte Mühe.

Als ich nach Hause kam, musterte Mama meine roten Kratzer mit hochgezogenen Augenbrauen. Dann strich sie Salbe darauf.

»Es wird besser sein, wenn du ein paar Tage das Haus hütest«, sagte sie.

Daraus wurde eine Woche.

## *Der geheime Knopf*

Ich konnte ruhig schlafen, jede Nacht wurde ich nämlich von zwei Hunden beschützt.

Der erste war Peggy. Sie lag neben meinem Bett in ihrem Korb und schnarchte. Jedesmal, wenn sie sich bewegte, knackte der Korb, manchmal knallte das Korbgeflecht wie Pistolenschüsse. Daran hatte ich mich gewöhnt.

An gewissen Abenden aber stank Peggy wie die Pest. Wenn sie zum Beispiel einen alten Frosch oder etwas ähnliches verschlungen hatte. Dann stellte ich den Korb viele Meter von mir weg.

Der Hund Nummer zwei war aus Holz und so klein wie mein Daumen. Er stand auf meiner Nachttischlampe, und der Knopf zum Ein- und Ausschalten befand sich zwischen den Pfoten des Hundes.

Direkt unterm Schlafzimmer lag das Wohnzimmer. Dort saßen Mama und Papa jeden Abend und hörten Nachrichten im Radio. An der Wand hatten sie eine Landkarte, in die Papa rote und grüne Stecknadeln steckte, um immer genau zu wissen, wo der Krieg gerade war.

Die Nachrichten waren fast immer traurig und schrecklich, und Papa wurde sehr bekümmert, wenn er sie hörte. Die Zeitungen waren ebenfalls voller Nachrichten, die vom Krieg handelten. Ich fragte, was denn in der Zeitung stand, wenn Frieden war. Doch darauf konnte Papa nicht antworten. Es war, als hätte er das vergessen.

Wenn Papa die Stecknadeln in die Karte steckte, fragte ich ihn immer wieder, ob der Krieg mehr als tausend Kilometer von uns entfernt sei. Und wenn er dann ja sagte, fand ich es nicht so schlimm.

Aber trotzdem war es unheimlich, abends im Bett zu liegen und durch den Fußboden das Radio zu hören. Bestimmt war es nicht gut für Papa, so viele traurige Sachen zu hören. Ich dachte an die Kummerfalte, die so oft zwischen seinen Augenbrauen auftauchte.

Allerdings gab es eine Möglichkeit, ihm zu helfen. Vorsichtig legte ich den Finger zwischen die Pfoten des Lampenhundes. Der Knopf hatte einen Wackelkontakt. Wenn ich ihn halb nach unten drückte, entstanden Störungen im Radio. Dann war ein gräßliches Knistern und Krachen aus dem Wohnzimmer zu hören. Das konnte Papa nicht ertragen. Er schaltete das Radio sofort aus. Und er war davon überzeugt, daß es der Feind war, der das schwedische Rundfunknetz störte.

Wenn es unten im Wohnzimmer still wurde, machte ich die Nachttischlampe aus und kuschelte mich gemütlich unter die Decke. Ich wußte, daß Mama jetzt anfangen würde, Geige zu spielen.

Weder die Geige noch der geheime Knopf konnten jedoch die tiefe Falte auf Papas Stirn glätten. Er wußte schon viel zuviel über all die schlimmen Dinge, die in den Ländern rings um Schweden vor sich gingen.

Neben der Wohnungstür im Flur hatte er für

jeden von uns einen Haken angebracht. Mein Haken saß ein Stück weiter unten als die anderen. Ich mußte ihn ohne Hilfe erreichen können.

An jedem Haken hing eine große graue Gasmaske. Die mußten wir aufsetzen, falls auch in Schweden der Krieg ausbrechen würde und der Feind uns mit Gas umzubringen versuchte. Die Gasmaske hatte runde Augen aus Glas und glänzte bösartig. Die Nase bestand aus einer graubraunen Dose, in der das Gas gereinigt wurde, bevor die Luft an die Nase drang. Ich hatte eine Strickjacke über meine Gasmaske gehängt, damit ich sie nicht zu sehen brauchte.

An einem Samstag gab es eine Übung. Aus der Stadt waren Leute gekommen, die wußten, was man tun mußte. Ein Mann ging im Overall und mit Gasmaske durchs Dorf. Er betastete den Boden mit einem Stock. Am Ende des Stocks steckte ein kleines Stück Papier, das seine Farbe verändern konnte, wenn Gas auf dem Boden lag.

Mir kam der Mann unheimlicher vor als ein Gespenst, und obwohl weit und breit keine Spur von Gas war, wurde mir schlecht.

Als wir heimkamen, sagte Mama, jetzt müßten wir üben, die Gasmasken schnell aufzusetzen. Ich weinte und ging dem großen Spiegel möglichst aus dem Weg. Und obwohl ich wußte, daß Mama hinter der Gasmaske steckte, bekam ich Angst vor ihr.

In der Nacht zog ein lautes Dröhnen über unser Haus. Wir glaubten, es seien schwedische Flugzeuge, die Übungsflüge machten. Doch das stimmte nicht. Die Flugzeuge kamen aus Deutschland und hatten sich verirrt. Eines von ihnen landete fünf Kilometer vom Dorf im Moor. Die Piloten hatten überlebt, aber es gelang ihnen noch rechtzeitig, das Flugzeug zu verbrennen.

Am nächsten Morgen radelte ich auf dem Roten Blitz zur Absturzstelle. Aus dem Wrack stieg noch Rauch auf. Ringsum hatten Soldaten Stacheldraht gespannt, aber Lasse schaffte es trotzdem, die Absperrung zu überwinden und zwei Metallklumpen mitgehen zu lassen, die geschmolzen und dann erstarrt waren. Einen davon schenkte er mir. Ich trug ihn lange in meiner Tasche mit mir herum. Es war, als würde er mir helfen, den Krieg fernzuhalten.

Die Tage vergingen, und der Frühling kam, um zu bleiben. Wie jedes Jahr schlugen Leberblümchen, Schlüsselblumen und Kirschblüten aus. Noch war der Krieg mehr als tausend Kilometer von uns entfernt. Das Leben ging fast unverändert weiter. Bei uns herrschte ja noch Friede.

## *Bockspringen und Purzelbäume*

Ich liebte Lasse heiß und innig. Aber vielleicht liebte Lasse nicht mich, sondern Gun?

Was sollte man da machen? Ich wußte es nicht.

Im Kino hatte ich gelernt, wie ein Mädchen aussehen sollte. Man mußte schlank sein und schwarze oder blonde Locken haben. Wie Gun.

Einmal in der Woche gab es im Gemeindesaal eine Kinovorstellung. Aber nicht jedesmal war der Film jugendfrei. Und im übrigen kostete der Eintritt fünfzig Öre, daher konnte ich mir einen Kinobesuch nicht allzuoft leisten.

Bei den seltenen Gelegenheiten setzte ich mich immer in die erste Reihe, dann lehnte ich mich zurück und wartete. Die Minuten, bevor der Film anfing, waren genauso schön wie der Film selbst.

Aber es war schwierig, gleichzeitig die Übersetzung auf den Textstreifen zu lesen und die Bilder anzuschauen. Meistens entging mir ziemlich viel.

Manche Filme waren Stummfilme. Dann saß meine Klavierlehrerin vorne und klimperte auf einem alten schwarzen Klavier. Wenn eine spannende Stelle im Film war, spielte sie wilde Musik. Am allerwildesten spielte sie, wenn die Hauptpersonen sich küßten.

Die Bilder waren schwarzweiß und voller Schrammen. Lange Zeit glaubte ich, daß es in allen Filmen regnete.

Mitten im Film, wenn es besonders spannend war, wurde regelmäßig das Licht angemacht, weil Pause war. Der Film mußte zurückgespult und die nächste Rolle in den Vorführapparat eingelegt werden.

Jedesmal fühlte ich die gleiche Enttäuschung, wenn ich in die Wirklichkeit zurückgeworfen wurde. Aber die Pausen machten trotzdem

Spaß. Wir liefen in den Wald hinterm Kino, um Pipi zu machen. Und dann stand die ganze Kinderschar auf der Treppe und unterhielt sich lebhaft über den Film.

Keiner von uns wagte es, in der Pause wegzulaufen und zu spielen. Man durfte unter keinen Umständen den Moment versäumen, wenn der Film wieder anfing, um nur ja kein einziges Bild zu verpassen.

Im Kino lernten wir nicht nur, wie man aussehen sollte. Am allermeisten lernten wir über Amerika. In Amerika lebten nur schöne Menschen, die immerzu tanzten und sangen. Die Herren trugen schwarze Lackschuhe, und die Kleider der Damen glitzerten wie Sterne. Außerdem gab es dort eine Menge Indianer, die in den Filmen immer erschossen wurden. Die Männer, die dafür sorgten, daß die Indianer erschossen wurden, waren Weiße, hießen Cowboys und schienen auf ihren Pferden zu wohnen.

Manchmal verklemmte sich der Film oder riß. Dann mußten wir das Ende erraten.

Einmal sah ich im Kino einen Hund, der rückwärts aus dem Wasser auf den Steg springen konnte. Das versuchte ich Peggy beizubringen.

Ins Wasser springen konnte sie ohne weiteres. Aber wieder rausspringen, das schaffte sie einfach nicht. Sie verdrückte sich und schwamm an Land. Es dauerte lange, bevor ich begriff, daß der Kinohund es auch nicht konnte. Der Film war ganz einfach rückwärts gelaufen.

Nein, Peggy konnte nicht aus dem Wasser auf einen Steg springen. Aber sonst konnte sie viele Kunststückchen. Sie konnte ein Stück Brot auf der Schnauze balancieren, während man bis drei zählte. Dann schleuderte sie das Brot in die Luft und fing es mit einem glücklichen Schnapp wieder auf. Danach leckte sie sich lange ihre schwarze Schnauze. Peggy konnte auch wie eine Tänzerin auf den Hinterbeinen gehen. Und wenn man irgendwo einen Leckerbissen versteckte, fand sie ihn immer.

Eines Morgens sah Fräulein Svensson besonders unternehmungslustig aus. Sie streckte sich, bis es in ihren Armen knackte. Dann sagte sie: »Bald ist unser Nationalfeiertag. Da werden wir an der Turnvorführung teilnehmen.«

Ich sah Fräulein Svensson an. Fräulein Svensson blickte durch mich hindurch. Sie wußte, daß Turnen zum Schlimmsten gehörte, was mir passieren konnte.

Der Nationalfeiertag wurde am 6. Juni gefeiert. Noch war es erst Ende April. Über einen Monat würde sie uns mit dem Training plagen! Ich drehte mich zum Fenster um. Draußen strömte ein Frühlingsregen wie Tränen über die Knospen der Bäume herab.

Plötzlich kam mir eine Idee. In der Pause ging ich zu Fräulein Svensson.

»Ist doch egal, was für Kunststückchen wir vorführen«, sagte ich. »Wenn ich nicht vorturnen muß, könnte ich statt dessen einen Zirkushund anbieten.«

Doch daran hatte Fräulein Svensson kein Interesse. Gleich nach dem Läuten der Pausenglocke mußten wir die Bänke an die Wände schieben und mit dem Training anfangen.

Von einer Turnhalle oder Turnkleidung hatten wir noch nie etwas gehört. Wir turnten in unseren langen Wollstrümpfen. Die Pullover durften wir ausziehen.

Der ganze Saal dampfte von Schweiß. Warmes Wasser gab es nur selten, und die Seife war rationiert. Besonders sauber waren wir daher nicht unter unseren Unterhemden.

Fräulein Svensson befahl, die Fenster aufzumachen. So konnten wir wenigstens atmen.

»Still gestanden! Arme in die Hüften! Federn, federn!« schrie sie. »Eins, zwei! Eins, zwei! Eins, zwei!«

Am dritten Tag war sie stumm. Da mußten wir Handstand üben. Alle brachten ihre Beine hoch, nur ich nicht, mein Hintern war viel zu schwer. Ich mühte mich ab und strampelte und schwitzte. Nichts half. Meine Arme gaben einfach unter mir nach.

Fräulein Svensson stand aufrecht neben mir und klatschte mir mit dem Zeigestock immer wieder leicht auf den Hintern. Streng ermahnte sie mich, weniger Kuchen, Soßen und Süßigkeiten zu essen. Das mache nämlich dick. Als ob ich das nicht schon längst wüßte!

Jetzt kamen die Purzelbäume an die Reihe. Ich schaffte eine halbe Rolle, doch dann kullerte ich zur Seite. Viele Abende lang übte ich hinter der Garage. Schließlich schaffte ich einen ganzen Purzelbaum.

Anschließend mußten wir Bock springen. Es war eine Zeit des Grauens.

Der einzige, der mich verstand, war Großvater. Er gab sich die größte Mühe, um mich aufzumuntern. Eine Trillerpfeife aus Weidenholz schenkte er mir. Einen Drachen, der fast bis in den Himmel fliegen konnte. Kleine Tiere, die er aus Ton formte, den wir aus dem Bach holten.

Aber die Hauptsache: Abend für Abend bückte er seinen müden alten Rücken und ließ mich darüber springen.

Am 4. Juni schaffte ich es!

Großvater freute sich genauso sehr wie ich. Er klapperte ein Liedchen mit seinen künstlichen Zähnen. Ich kannte niemanden, der so gut mit dem Gebiß klappern konnte wie er.

Endlich konnte ich erleichtert aufatmen. Jetzt blieben mir Fräulein Svenssons kneifende Finger und ihr harter Zeigestock erspart.

Lasse dagegen hatte weniger Glück.

Bis zum Nationalfeiertag mußten wir ein Kirchenlied auswendig können: »Ein feste Burg ist unser Gott.«

Wir glaubten alle, daß Fräulein Svensson schlecht hörte. Daher wetteten Lasse und ich um ein Sahnebonbon. Lasse faltete die Hände und sagte laut und deutlich auf:

»Ein feste Burg ist unser Gott,
steht auf dem Markt und ißt Kompott
aus lauter Apfelsinchen,
so dick wie die Kaninchen.«

Ich gewann das Sahnebonbon, Fräulein Svensson hörte nämlich gut.

Am 6. Juni sah der Himmel aus wie die schwedische Flagge: kornblumenblau und goldgelb wie die Sonne. Auf dem Schulhof stand eine Fahnenstange. Wir sollten ein Lied zu Ehren der Fahne singen und wurden im Kreis aufgestellt. Jetzt war mir heiter und friedlich zumute. Schließlich konnte ich sowohl einen Purzelbaum schlagen als auch Bockspringen! Und der Handstand würde mir erspart bleiben, das hatte Fräulein Svensson versprochen.

Lasse durfte Fräulein Svensson helfen, die Fahne zu hissen. Er trug einen dunkelblauen Matrosenanzug mit weißen Litzen auf dem Kragen. Vorne auf der Mütze war mit goldenen Buchstaben *Schweden* geschrieben. Die Mütze hatte er von seinem älteren Bruder geerbt, daher war sie etwas zu groß. Im selben Augenblick, als er anfing, an der Fahnenleine zu ziehen, rutschte ihm die Mütze auf die Nase. Um Lasse herum wurde es dunkel.

»Hilfe!« schrie er und ließ die Leine los.

Der Gesang nahm ein plötzliches Ende. Wir mußten Fräulein Svensson erst aus der Fahne auswickeln.

Als sie gerettet war, sangen wir ein zusätzliches Lied und marschierten dann zum Gemeindehaus, wo die Feier stattfinden sollte. In den Händen hielten wir selbstgebastelte Papierfähnchen, mit denen wir winkten und wedelten, was das Zeug hielt. Fräulein Svensson ging voraus. Dies war ihr großer Tag, ja, noch größer als der Tag der Abschlußprüfung. Jetzt konnten alle sehen, wie erfolgreich sie die schwedische Jugend erzogen hatte.

Im Kino hatten wir gesehen, wie man eigentlich marschieren sollte. Vorn an der Spitze befand sich meistens ein Orchester oder zumindest eine Trompete oder eine Trommel. Das hatten wir nicht aufzuweisen, also sangen wir.

Die Trillerpfeife, die Großvater mir geschenkt hatte, lag in meiner Tasche. Ich konnte ja schlecht gleichzeitig mit der Fahne winken und pfeifen.

»Im Frühtau zu Berge wir ziehn, vallera...«, sangen wir.

Berge gab es keine in der Gegend. Aber dafür säumten zahlreiche Zuschauer die Straße und feuerten uns mit Hurrarufen an. Achtmal mußten wir das Lied durchsingen. Als wir ankamen, waren wir daher ziemlich erschöpft.

Doch dann bereiteten wir uns sofort mit frischen Kräften auf neue Heldentaten vor. Die Jungen trugen kurze Hosen, die brauchten nur ihre Schuhe auszuziehen. Für uns Mädchen war es nicht so einfach. Wir hatten rosa Unterhosen, die uns fast bis an die Knie reichten. An jedem Unterhosenbein war unten ein Gummiband durchgezogen.

Wir mußten versuchen, die unteren Rockkanten unter die straffen Gummibänder zu stecken. Sonst würden die Röcke hochfliegen, wenn wir Purzelbäume und Handstände machten. Und wir hatten gelernt, daß es sündig sei, auch nur ein Zipfelchen der Unterwäsche zu zeigen.

Alle, die die Straße gesäumt und gewinkt hatten, waren uns hierher gefolgt. Ich hatte vorher gar nicht bedacht, daß wir so viele Zuschauer haben würden. Wenn ich jetzt meinen Purzelbaum verpatzte! Oder wenn ich auf dem Rücken meines Vordermannes hängenblieb, der für mich Bock stand!

Meine Wangen glühten. Meine Haare hingen mir schweißverklebt in die Stirn, obwohl wir noch gar nicht angefangen hatten. Die Menschen wurden zu einer hohen, schwarzen Mauer, die in den klaren Himmel hinaufwuchs.

Da sah ich Großvater. Seine Haare leuchteten wie Silber. Sein Schnurrbart wippte. Ich wußte, daß er mir mit seinem Gebiß ein Ständchen klapperte. Und mitten in all dem Entsetzen stieg ein Lächeln in mir hoch.

Wenn man lacht, vergißt man ganz, Angst zu haben. Ich lächelte Großvater zu. Er lächelte zurück. Jetzt pfiff Fräulein Svensson ein schrilles Signal auf ihrer Trillerpfeife, die sie immer an einem hellblauen Bändchen um den Hals trug. Wir gehorchten der Pfeife wie wohlerzogene Hunde und stellten uns in Reih und Glied auf.

»Stiiill gestanden! Arme in die Hüüüften!«

Kaum hatten wir angefangen, existierte nichts mehr außer uns und Fräulein Svensson.

Und tatsächlich – ich flog! Es war, als hätte mein dicker Po Flügel bekommen. Großvater hatte recht gehabt. Ich schaffte es! In hohem Bogen flog ich über den Bock, und an meinem Purzelbaum war nichts auszusetzen.

»Bravo!« schrie Großvater.

Und Lasse klatschte in die Hände.

Das Gras war grün...

Der Himmel war blau...

Und ich war glücklich.

# Fischer Schatzinsel
## Taschenbücher für Kinder

Joan Aiken
**Arabels Rabe**
Mit Bildern von
Quentin Blake
Band 80016
**Arabel und die entflohene Schwarze Mamba**
Mit Bildern von
Quentin Blake
Band 80017
**Mortimer und das Schwert Excalibur**
Mit Bildern von
Quentin Blake
Band 80018
**Arabels Geburtstag**
Mit Bildern von
Quentin Blake
Band 80036
*März 1995*

Joan Aiken
**Mortimer und die Brottrommel**
Mit Bildern von
Quentin Blake
Band 80038
*März 1995*

Margaret Atwood
**Hoch oben im Baum**
Band 80001

Maj Bylock
**Purzelbaum und Liebesbrief**
Mit Bildern von
Inger Rydén
Band 80005

Robert Cormier
**Der Schokoladenkrieg**
Band 80012

Cornelia Funke
**Kein Keks für Kobolde**
Band 80006

William Goldman
**Goigoi**
Die Geschichte von Lea und ihrem liebsten Liebhabtuch
Mit Bildern von
Volker Kriegel
Band 80044
*April 1995*

Kurt Held
**Die rote Zora und ihre Bande**
Band 80013

# Fischer Taschenbuch Verlag

fi 6007 / 1 a

# Fischer Schatzinsel
## Taschenbücher für Kinder

Gunter Preuß
**Vertauschte Bilder**
Band 80011

Patrick Raymond
**Daniel und Esther**
Band 80046
*April 1995*

Bjarne Reuter
**So einen wie mich kann man nicht von den Bäumen pflücken,** ***sagt Buster***
Band 80019

Philip Ridley
**Krindelkrax**
Band 80028
*Februar 1995*

Luise Rinser
**Drei Kinder und ein Stern**
Mit Bildern von Karin Lechler
Band 80004

George Sand
**Die wahrhaftige Geschichte des kleinen Gribouille**
Illustrationen von Maurice Sand
Band 80021

Annie M.G. Schmidt
**Wiplala**
Mit Bildern von Margret Lochner
Band 80020

Nava Semel
**Gerschona**
Band 80035
*Februar 1995*

Russell Stannard
**Durch Raum und Zeit mit Onkel Albert**
Eine Geschichte um Einstein und seine Theorie
Mit Bildern von John Levers
Band 80015

Ulf Stark
**Percys Turnschuhe**
Mit Bildern von Olof Landström
Band 80030
*März 1995*

Uwe Wandrey
**Gummibärs Glück**
Mit Bildern von Birgit Thoenes
Band 80027

# Fischer Taschenbuch Verlag

fi 6007 / 1 c

# *Arabel und Mortimer*

## *»Joan Aiken ist eine Meisterin des Slapstick.«*

***Jugend und Buch, Wien***

In einer stürmischen Märznacht hat Mr. Jones den Raben Mortimer bewußtlos auf der Straße gefunden und mit nach Hause gebracht. Mrs. Jones ist über den neuen Hausbewohner gar nicht entzückt. Denn Mortimer hat nichts als Dummheiten im Kopf und bringt die Familie durch seine unmöglichen Angewohnheiten immer wieder in eine unangenehme Lage. Nur die kleine Arabel ist begeistert von ihrem neuen Freund...

Illustration: Quentin Blake

Band 80016

Band 80017

fi 6012 / 1 a

Illustration: Quentin Blake

Band 80018

Band 80036

Band 80038




fi 6012 / 1 b